서울대 의대 치대 수의대 공대를 보낸 엄마의 자녀 교육법!

서울대 의대 치대 수의대 공대를 보낸

서준석·정미영 지음

엄마의 자녀 교육법

HUDDLING BOOKS

어머니의 이야기

나는 내 인생을 애들한테 다 쏟았다고 생각하지 않는다. 그저 그 순간순간 해줄 수 있는 것만 최선을 다해서 해줬을 뿐이다. 내가 해줄 수 없는 건 과감히 포기하고 미련을 두지 않았다.

한때 수학교사였기에 아이들에게 수학을 가르치는 건 어느 정도 할 수 있었다. 그러나 그 외의 과목은 어떻게 아이들을 가르쳐야 할지, 또는 어떤 학원을 데려가야 좋을지 아는 게 하나도 없었다. 하지만 전업주부였던 난 다른 엄마들에 비해 상대적으로 시간이 많았다. 때문에 당장은 못해줘도 내가 배워서 도움을 줄 수 있는 건 최대한 빠르게 보고 배워서 아이들에게 해주려고 노력했다.

그때는 인터넷도 없는 시절이었으므로 요즘 엄마들처럼 각종 정보들을 검색하고 집에서 쉽게 다른 사람의 노하우나 선생님들의 강의 정보를 알아볼 수 없었다. 학원 설명회 또는 입시 설명회가 열리면 어디든 가서 듣는 게 전부였다. 그래서 난 나보다 경험이 많은 엄마들과의 대화에서 스쳐지나가는 정보들을 놓치지 않으려고 부단히도 노력했다. 그 속에서 우리 아이 사정에 알맞은 정보들을 선택하여 활용하곤 했다.

처음에는 그 과정이 무척 고되고 힘들었다. 특히나 첫아이인 준석이 때는 아무런 경험이 없어 실수도 많았더랬다. 하지만 점차 시간이 흐르고 어느 정도 경험이 쌓이니 어떻게 하는 게 좋고, 어디를 보내야 좋을지에 대한 감이 점점 잡히기 시작했다. 게다가 준석이가 그 어떤 아이보다 열심히, 성실히, 그리고 최선을 다해 공부해준 덕분에 큰 문제없이 교육할 수 있었다.

지금 생각해보면 어찌 그렇게 일일이 발품을 팔고 알아보고 했나 싶지만, 그때는 그렇게 해야 되는 시절이었다. 나뿐만 아니라 준석이처럼 과학고에 진학한 후 서울대를 들어간 아이들의 엄마들은 다 비슷하게 노력했다. 내가 조금 더 기민하게 적극적으로 움직였을 뿐이다. 이러한 경험들이 지금 아이를 키우는 엄마들에게도 조금은 도움이 되지 않을까 하는 기대감을 가지고 책을 써냈다.

혹자는 엄청난 교육적인 철학이나 교육 비법을 기대하고 이 책을 구매했을지도 모른다. 하지만 안타깝게도 이 책은 그런 책이 아니다. 나와 준석이는 빛 좋은 개살구 같은 이야기들로 가득 찬, 허황되고 현실성 없는 이야기를 전하고 싶지 않았다. 또한, 우리가 겪은 모든 일들을 최대한 사실 그대로 솔직하게 이야기하려고 노력했다. 그 과정 속에 녹아있는, 거창하게 '자녀 교육법'이라고도 지칭하기에는 조금은 부끄러운 나만의 노하우들을 가감 없이 보여드리려고 무던히도 애를 썼다.

사실 난 이런 책을 낼 사람이 아니라고 생각한다. 그저 평범한 가정주부일 뿐인데, 책이라니! 가당치도 않은 얘기라고 여겼다. 그래서 이렇게 책을 쓰고 있는 지금도 믿겨지지가 않는다. 하지만 이런 나의 경험이 누군가에게 도움이 될 수 있다면 그것만으로도 충분하다는 결론을 내리며 용감히 글을 써내려갔다. 그 과정에서 옛날 기억을 하나씩 꺼내다 보니 새삼 감회가 새롭고, 올바르게 자라준 아들이 대견스럽기도 했다.

이 책을 보는 학부모님들 중에는 아이가 자신의 부족한 부분을 닮아서 또는 내가 다른 부모보다 서포트를 충분히 해주지 못해서 아이 성적이 잘 나오지 않는다고 느끼는 분들이 있을지 모른다. 나 또한 한 때는 그런 생각을 한 적이 있었다. 하지만 나의 이런 생각을 깨준 건 준석이의 노력이었다. 부모의 지원이 조금 부족하더라도 진심을 다해서 도와주고 옆에서 애정을 갖고 지켜봐준다면 아이는 충분히 이를 인지하고 스스로의 힘으로 앞으로 나아갈 것이다.

세상 모든 일들은 그 순간에는 미처 알아차리지 못하지만, 시간이 지나보면 다 적절한 시기와 이유가 있다. 나이가 들면 들수록 이러한 생각에 점점 더 확신을 갖게 된다. 지금 이 순간, 이 시기에 아이에게 해줄 수 있는 부모의 최선이란 과연 무엇일까? 이에 대한 대답을 나와 준석이의 경험에 비추어 조금씩 풀어갈 예정이다. 그 속에서 여러분 자녀들에게 도움이 될 만한 점들을 찾을 수만 있다면 그것만으로도 이 책을 쓴 보람이 충분히 있을 것이다.

— 정미영

차례

CHAPTER 2
엄마의 교육 철학을 확고히 하라 | 35

CHAPTER 3
유치원, 초등학교 시기가 중요하다 | 57

CHAPTER 4
혼자 공부하는 힘을 키워야 한다 | 97

CHAPTER 5
중·고등학교 시기, 목표가 곧 성공이 된다 | 137

CHAPTER 6
자녀 교육, 대학이 끝이 아니다 | 163

에필로그

CHAPTER 1

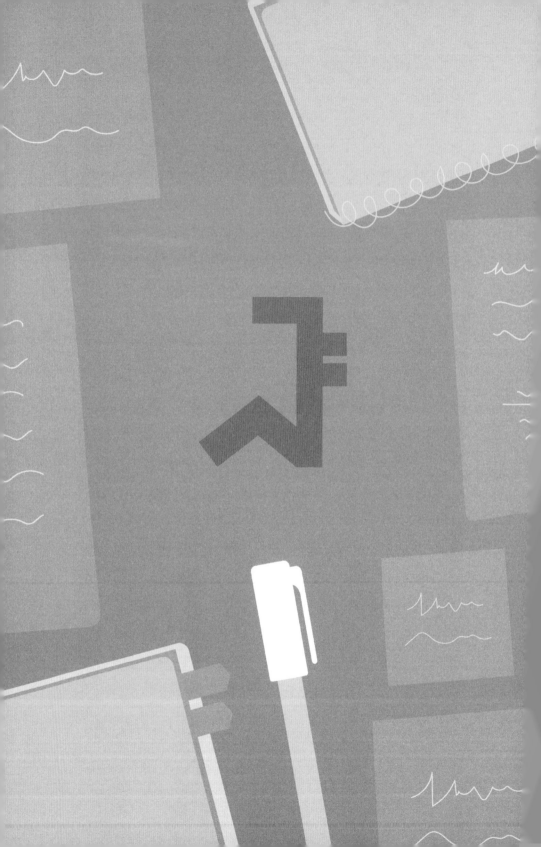

먼저 아이의 성향을 파악하라

입시 시즌이 되면 많은 학부모가 입시 성공 모델들에게 그 비결이나 노하우를 물어보고는 한다. 어렸을 때 어떻게 공부를 했고, 힘든 시기는 어떻게 극복했는지에 대한 구체적인 방법을 들은 뒤 그것을 본인들의 자녀 교육에 적용하려는 생각일 것이다.

하지만 이러한 생각에는 한 가지 오류가 존재한다. 모든 아이가 같은 성향을 지니고 있지 않다는 사실이다. 그렇기 때문에 입시 성공 케이스를 그대로 적용한다고 해도 똑같은 결과물이 나올 거라고 볼 수 없다.

이 책에서 앞으로 나오게 될 내 어머니의 교육 방식이나 내 이야기도 마찬가지다. 그것들을 그대로 자녀들에게 똑같이 적용해서는 안 된다. 내게는 가장 효과적이었던 교육 방식이 누군가의 자녀에게는 가장 안 좋은 교육 방식이 될 수도 있기 때문이다.

100명의 학생이 있으면 100가지의 교육 방법이 필요하다. 그렇기에 가장 먼저 내 아이의 성향을 파악하는 것이 그 무엇보다 중요하다. 타고난 기질과 성격은 무엇인지, 좋아하는 것은 무엇이고 싫어하는 것은 무엇인지, 어떤 점을 무난하게 넘기고 어떤 점을 예민하게 받아들이는지 등을 제대로 파악해야 아이에게 맞는 공부 스타일을 정할수 있다.

자녀 교육은 거창한 목표를 설정하는 것에서부터 시작하는 것이아니다. 내 아이에 대해 부모가 먼저 파악하고 알아야 하는 것. 바로이 지점에서 자녀 교육이 시작된다고 할 수 있다.

아이가 어릴 때 남다른 점이 있었나요?

지금 생각해보면 준석이는 어릴 때부터 승부욕이 남달랐다. 아이가초등학교에 입학한 뒤 처음으로 점심 배식 당번을 하러 간 날이 생각난다. 그때 준석이가 내게 달려와서 "엄마, 나 올백 맞았다!"라며 큰소리로외쳤다. 아마도 준석이는 자신의 시험 성적을 엄마에게 자랑하고 싶었던모양이었다. 하지만 이를 알 리 없었던 난 갑자기 얼굴을 보자마자 점수얘기를 하는 아이를 보며 꽤 당황했고, 옆에 함께 배식하던 친구 엄마도놀란 눈치였다.

또 한 번은 준석이가 이런 말을 한 적이 있다. "엄마! 쟤가 A라는 애야. 공부도 잘하고 수영도 잘해." 준석이는 아마도 그 친구가 반에서 가장 뛰어난 아이라고 생각한 모양이었다. 그래서 자신도 모르게 계속 A라는 친구를 의식하며 내게 그 아이에 대해 미주알고주알 이야기를 했다. 그러다 2학기에 들어선 후로는 그 아이에 대한 말을 하지 않았다. 그때는 이미 본인이 그 친구를 앞질렀기 때문에 더 이상 말할 필요가 없다고 판단한 듯했다.

이처럼 준석이가 욕심도 좀 있고 뒤처지기 싫어하는 모습을 보일 때가 종종 있었는데, 그 모습을 보며 난 아이가 참 기특하다고 생각했다. 나도 어릴 때부터 지기 싫어하는 성격이었다. 그 당시 제일 큰상인 교육감 상을 받으며 국민학교(지금의 초등학교)를 졸업했고, 중학교에 입학하기 위해 시골에서 부산으로 나 혼자 가기도 했다. 남편도 나 못지않게 욕심이 많은 사람인데, 그런 부모의 모습을 아이가 닮은 것 같다.

한편 동생인 준용이는 준석이와 조금 달랐다. 형과 함께 경복초등학교에 보내기 위해 아이를 한 살 일찍 학교에 입학시켰는데, 그래서 그런지 참 어린 티가 많이 났다. 형보다 조금 더 느긋한 성격인 데다가 시험을 보더라도 딱 알려준 것까지만 공부했다. 실제로 첫 시험을 보던 날이 생생히 떠오른다. 국어책 제일 첫 장 문제를 미처 알려주지 못하고 보냈더니 비로 그것 딱 한 게만 틀려서 왔더랬다. 그럼에도 아이는 한 문제 정도 틀린 걸 별반 대수롭지 않게 생각했다.

반면 준석이는 2등을 하면 스스로 자책하고, 1등을 놓친 것을 안타까워했다. 이러한 아이의 경쟁심이나 투쟁심은 부모가 길러주기 어려운 부분이라고 생각한다. 이는 아이의 타고난 기질인 것이다.

나는 이러한 아이의 기질을 일찍 알아본 편이다. 타고난 경쟁심이나 욕심이 있다는 걸 누구보다 잘 알고 있기에 초등학교 1학년 때부터 1등을 하고, 100점을 맞으라고 은근히 푸시하고는 했다. 그렇게 하면 아이가 잘 따라와 줄 것이라는 걸 알고 있었기 때문이다.

준석이는 소위 말해 채찍질을 하고 지원을 해주는 보람이 있는 아이였다. 한 번만 목표를 설정해주면 그 목표에 도달할 때까지 끈기와 경쟁심, 그리고 투지를 바탕으로 끝까지 밀어붙이는 대단한 아이였다. 그런 성향을 가지고 있지 않았다면 반에서 5등 전후의 성적이 나와도 나 역시 만족하고 더 이상 채찍질을 하지 않았을 것이다.

부모의 욕심 때문에 타고난 경쟁심이나 욕심이 없는 아이를 강하게 몰아붙이고, 100점이나 1등만을 강요하는 건 절대 좋은 결과를 얻을 수 없다. 준석이와 같이 학교를 다니고 학원을 다녔던 수많은 잠재적 경쟁 상대들이었던 아이들을 보더라도 그렇다. 아이의 성향 자체가 부모의 강한 리드를 감당할 수 없다면, 어느 순간 엇나가서 오히려 과유불급의 결과를 초래할 수 있다. 마치 줄을 너무 강하게 잡아당기면 결국은 끊어져 버리듯이 말이다.

다시 한 번 말하지만 아이의 성향을 가장 빨리 가장 확실하게 파악할 수 있는 건 아이와 누구보다 오랜 시간을 같이 보내는 어머니의 몫이다.

🎓 타고난 욕심과 부모님의 기대 덕분이죠

초등학교에 들어가자마자 받아쓰기 시험을 하루에 10문제 정도씩 봤다. 그래서 그 전날 어머니는 내게 미리 받아쓰기 예습을 시키곤 했다. 글씨를 잘못 쓰면 지우개로 지우고 다시 쓰고 또 다시 썼다.

그렇게 시험 성적에 몰입하다 보니 다른 아이들과의 경쟁심도 자연스럽게 발생했다. 누가 점수를 얼마 받았는지, 몇 등을 했는지 어머니에게 미주알고주알 다 말하기도 했다. 본격적으로 라이벌이라고 할 수 있는 상대가 나타난 것도 그 시기다.

초등학교 시절 A라는 아이가 나의 첫 라이벌이었다. 처음에는 그 아이를 조금 의식하다가 어머니의 기억대로 2학기 때부터 그 아이에 대한 말을 하지 않게 되었다. 시험을 여러 차례 보다 보니 어느 순간부터 그 아이보다 내가 훨씬 높은 점수를 받으니까 굳이 신경을 쓰지 않아도 된다고 판단했기 때문이다.

이처럼 어머니의 말대로 내가 태어날 때부터 경쟁심이 강하고 욕심이 많은 기질의 아이였을지도 모른다. 사실 지금까지는 스스로가 그렇게까지 1등에 대한 욕심이나 경쟁심이 강하지 않다고 여겨왔었다. 오히려 평범한 내게 어머니가 1등에 대한 욕심과 경쟁심을 심어주어서 후천적으로 그런 욕심이 생긴 거라고, 올백 같은 점수에 신경을 쓰기 시작한 건 어머니의 기대와 그로 인한 강요 때문임이 분명하다고 그렇게 생각했다.

하지만 그게 나의 타고난 기질이라면, 그건 그것대로 나에게 좋을 것 같다. 40년 넘게 인생을 살아보니, 욕심과 경쟁심은 매우 중요한 발전 요소이자 동기라는 사실을 알게 되었기 때문이다.

욕심이나 경쟁심이 없는 아이는 성인이 되어도, 절대 좋은 결과를 보여주지 못한다. 물론 지나친 경쟁심이나 투쟁심 때문에 내가 어렸을 때부터 과도한 경쟁에 노출되면서 잃게 된 것들도 분명 있겠지만, 사실 그로 인해 얻은 것이 훨씬 많다. 나의 경쟁심이나 승부욕을 학업이라는 올바른 방향에 쓸 수 있도록 도와주신

점에 대해서 어머니에게 진심으로 가슴 깊이 감사하고 있다.

시험은 무조건 백점을 맞아야 한다고 강조하셨나요?

초등학교에 들어가면 처음엔 받아쓰기를 한다. 나는 영어든 국어든 철자를 올바르게 쓰는 건 기본이라고 생각했다. 그래서 미리 아이에게 받아쓰기 예습을 시킨 뒤 학교에 보냈다. 다행히도 준석이는 받아쓰기를 아주 잘했다. 시험을 보면 단 한 번도 틀리지 않았고 모두 100점을 받아 왔다. 그때 난 그런 준석이를 보고 역시 미리 준비를 시키고 적당히 푸시를 하면 좋은 결과가 따른다고, 그런 능력이 충분히 있는 아이라고 생각했다.

그러나 그런 엄마의 기대감이 아이에게 부담이 된 것일까? 준석이가 3학년 때 매일 일기를 썼는데, 한번은 시험 문제를 틀린 뒤 "나 집에 가면 죽었다"라고 쓰고는 집에도 못 들어오고 밖에서 한참 있었다고 한다. 그 일기를 보고난 뒤부터는 아이를 너무 나무라지 않았다. 다만 성적을 유지할 수 있도록 옆에서 지켜보고 가르치는 것은 멈추지 않았다.

👨‍🎓 강요에 의한 경쟁심이 성취감을 주는 목표가 되었어요

사실 나는 상당히 소심하고 용기도 없는 내성적인 아이였다.

그럼에도 불구하고 공부만큼은 적극적이고 열정적으로 임했다. 어머니가 실망하는 모습을 보고 싶지 않았거니와 문제를 틀려 혼나고 맞는 게 싫어서 그랬는지도 모른다. 그러다가 초등학교 3~4학년 무렵부터는 스스로 남들에게 지기 싫고 내가 가장 잘하는 공부에서 계속 성취감을 느끼고 싶어서 공부에 빠져들었다. 강요에 의한 경쟁심이 어느 순간 성취감으로 바뀌었고, 그것이 목표가 된 터였다.

 어릴 때부터 경쟁심이나 승부욕이 강한 편이었나요?

준석이는 동생한테도 지기 싫어서 양보도 잘 하지 않았다. 그럴 때면 나는 이렇게 말하곤 했다.

"공부만 잘한다고 다가 아니라 먼저 사람이 되어야 한다!"

그랬더니 준석이는 내가 자신에게 유독 엄격하고 심하게 대한다고 생각하는 것 같았다.

그런데 곰곰이 생각해보니 준석이는 어릴 때부터 '노력'을 중시하는 아이였다. 스스로가 누구보다 열심히 그리고 엄격하게 노력하는 타입이라고 할까? 남들의 평가에도 쉽게 휘둘리는 스타일이 아니었다.

실제로 준석이는 가족에게조차도 듣기 좋은 말이나 선의의 거짓말 같은 것도 잘 못하고, 반대로 잘한다는 칭찬을 들어도 그 내용을 그대로 믿지 못했다. 어린 아이니까 용기를 북돋아주기 위해서 조금 과장하여 칭찬을 해주면, 본인 스스로가 판단해서 잘하고 못하고를 따진 후 어른들의 얘기는 듣지도 않고 부족한 부분을 개선시키고자 입술을 앙다물고 전의를 불태우고는 했다.

그런 성격 때문인지 초등학교 때 공부를 시작하고 나서는 본인이 목표로 한 공부량이나 결과가 나오지 않으면 스스로를 가혹할 정도로 채찍질하곤 했다. 충분히 잘하고 있다는 격려도 전혀 듣지 않고 목표한 결과에 이를 때까지 끊임없이 노력했다.

문제는 그러한 엄격함이 타인에게도 적용된다는 것이었다. 누구보다 열심히 노력하고 원하는 결과를 얻기 위해 끊임없이 내달리던 준석이 눈에는 동생이 썩 탐탁지 않았던 것 같다. 준석이가 자기 자신에게는 물론이거니와 타인에게도 날카롭고 엄격하다는 사실을 이때쯤 깨달았다.

지금은 사실 그때 그렇게 준석이를 혼낸 것을 후회하기도 한다. 아이에게 무엇이 잘못인지 충분히 설명하지 않고, 아이의 성향을 제대로 파악하지 못한 채 너무 강하게 혼을 낸 것 같다. 그때의 준석이를 생각하면 조금 안쓰럽기도 하다. 아이의 그릇된 행동을 바로잡기 위해 체벌도 가했으니 말이다.

하지만 체벌에 대해 안 좋은 인식이 있는 요즘과 달리 내가 준석이를 키우던 80년대는 학교는 물론, 집안에서도 체벌이 흔하게 이루어지던 시대였다. 그래서 나도 자연스럽게 준석이가 동생 앞에서 욕심을 과도하게 부리고 형으로서 역할을 하지 못하면 회초리를 들어 엄하게 다스릴 수밖에 없었다.

🎓 노력 없이 얻기만 하는 모습이 싫어요

동생한테 지기 싫어하는 마음이 있었던 건 사실이다. 더 정확히 말하자면 동생의 노력하지 않는 모습을 보는 게 싫었다. 나는 엄격한 부모님 밑에서 열심히 노력하며 공부했는데, 동생은 내가 닦아놓은 길을 별다른 노력 없이 따라 걸으며 무임승차한다고 생각했다.

애초에 동생은 선천적으로 좀 느긋하고 여유로운 성격이라 나처럼 공부에 집중하는 편도 아니었다. 동생은 내가 그 나이 때 경험했던 것보다 훨씬 좋은 환경 속에서 공부를 할 수 있었는데, 그걸 십분 활용하기는커녕 나보다도 공부를 하지 않는 모습을 보일 때가 많았다. 그걸 지켜보고 있노라면 답답하고 짜증이 났다. '이 놈한테는 양보를 하거나 잘해줄 필요가 없겠다'라는 생각이 든 것도 그 무렵이었다. 어쩌면 늘 여유만만인 동생을 보고 괜히 심술이 났던 것도 같다.

나는 부모님이 시키는 대로 1등을 하기 위해 이렇게 열심히 노력하는데, 동생은 왜 저렇게 여유를 가지고 있는 거지? 부모님은 또 왜 그런 동생을 가만두는 걸까? 동생도 나처럼 열심히 하길 바라는 것이 그렇게 잘못된 것일까? 왜 나보고 비정상이라고 하는 거지?

어느 순간 이런 생각들이 머릿속에 가득 차기 시작했고, 이런 분노가 나의 초중고 시절을 지배하기 시작했다. 나이가 들어 생각해보니 동생에게 조금 지나치게 대했던 면은 있었지만, 안타깝게도 그 시절의 나는 그게 옳다고 굳게 믿으며 스스로 나쁜 형이 되고 말았다.

지금에 와서 변명을 하자면 그 시절 나는 공부만 한다고 신경이 매우 날카로워져 있는 상태였다. 그러다 보니 동생에 비해 남을 배려하거나 이해하는 점들이 부족했던 건 사실이다. 하지만 그렇게 스스로를 몰아넣지 않으면 절대 1등을 할 수 없다고 생각했다. 그런 나에게 어머니가 공부만 잘하면 다가 아니라 사람이 되어야 한다고 야단을 치니 억울하고 황당하기도 했다.

내가 누구를 때리거나 큰 물의를 일으킨 것도 아닌데 왜 이런 말을 들어야 하지? 그냥 예의 좀 안 지키고 양보 좀 안 한 것뿐인데? 이렇게 열심히 공부하는 사람에게 인간이 되라니? 그럼 지금 난 괴물인가? 쓰레기인가?

내게 공부를 열심히 해서 1등을 해야 훌륭한 사람이 된다고 했던 사람은 그 누구도 아닌 바로 부모님이었다. 그런데 이제 와서 저런 말씀을 하시니 원망스럽기도 하고 서럽기도 했다. 지금이야 어머니의 말이 어떤 의미인지 이해도 되고, 내가 부모가 된다면 자식에게 똑같이 할 것 같지만 당시의 난 겨우 열 살 전후의 어린아이였다. 정서적으로 미성숙하고 깨지기 쉬운 크리스털 같은 존재였는데, 부모님이 그런 아이에게 너무 심한 말을 한 건 아닌가 싶다

하지만 한편으로는 그때 어머니, 아버지의 나이도 겨우 30대 중반이었으니 초보 부모로서 겪은 시행착오라고 생각한다. 나이가 들면서 깨닫게 된 게 어머니, 아버지도 자녀 교육은 처음이고 그 나이에 정서적으로 완벽한 인간이었을 리가 없으니 이제는 그러려니 하고 이해한다. 문제는 그 당시에 내가 받았던 상처나 트라우마는 평생을 가도 지워지지 않을 거라는 사실이겠지만…. 어쩌겠는가. 이미 지나간 일인 것을.

자고로 세상에 완벽한 것은 없고 하나를 얻으려면 하나를 희생해야 한다고 본다. 그래도 난 공부라는 결과물 하나는 확실히 얻었으니 적어도 손해 본 장사는 아니다. 그래서 이제는 딱히 어머니나 아버지에 대한 미움이나 원망은 없다.

다만 "나도 나만의 사정이 있었다고요!"라는 얘기를 부끄럽지만 이 지면을 빌어 말씀드리고 싶다.

동생을 경쟁자로 생각할 때는 어떻게 하셨나요?

준석이가 어렸을 때 동생하고 사이좋게 지내지 않아서 혼낸 적이 많다. 한 번은 이런 일이 있었다. 준석이가 이제 막 아장아장 걷기 시작하는 동생을 시멘트 바닥에 수시로 밀치는 것이다. 나는 이를 보고 화들짝 놀라 준석이를 크게 혼냈다. 어릴 때는 머리가 무거워서 머리부터 떨어지니 혹시나 잘못 넘어져 다쳐서 문제라도 생길까봐 걱정이 됐기 때문이다 (실제로 주변에 넘어져 머리를 크게 다쳤다는 이야기를 들은 터라 더욱 그랬다). 하지만 이런 마음을 알 리 없는 준석이는 엄마에게 혼이 나 상처를 많이 받은 모양이었다.

곰곰이 생각해보면 준석이 입장에서는 동생에게 엄마의 관심을 빼앗기는 게 당연히 싫었을 것이다. 형이라고 해도 이제 막 두 돌 조금 지난 어린 아이였으니 말이다. 요새는 맏이에게 동생과 잘 지내도록 가르치는 교육도 있지만, 그 시절에는 그런 정보나 지식이 널리 알려지지 않을 때였다. 그래서 준석이의 입장을 생각하고 고려하지 못했다. 그냥 뭐든지 알아서 잘하는 준석이에게 별다른 훈육이 필요 없다고 생각했다. 이런 과정 속에서 알게 모르게 부모나 동생한테 느끼는 서운함이나 상처 등이 있었을 것 같은데, 그땐 그걸 몰랐다.

그러는 와중에도 종종 아이에게 "공부만 잘한다고 다가 아니라 사람이 돼야 한다"고 가르쳤다. 가끔 사람들이 동생 외모를 칭찬하기라도 할라치면 그것도 듣기 싫어했기 때문이었다. 준석이는 아마도 엄마가 준용이만 예뻐한다고 생각했던 것 같다. 하지만 절대 그런 게 아니다. 준석이 아빠도, 그리고 나도 어느 한쪽을 더 예뻐하지 않았다. 다만 그때나 지금이나 큰애가 잘 돼야 집안이 제대로 된다 생각해서 오히려 준석이를 더 신경 쓰고, 큰애가 더 잘 되길 바라는 마음은 있다. 그래서 형인 준석이에게 늘 이렇게 말하고는 했다.

"준용이는 동생인데, 네 덕 좀 보고 공부든 뭐든 좀 쉽게 하면 안 되니? 하나밖에 없는 동생이잖아. 동생이 잘못되면 나중에 준석이 네가 책임져야 될 일도 있을 텐데, 좀 봐주면 안 되니?"

그러면 준석이는 못마땅하다는 듯 뚱한 표정을 짓곤 했다.

준석이가 공부도 열심히 하고 바르게 자란 좋은 아들이지만, 어렸을 때부터 동생을 학교 친구들과 비슷한 경쟁 상대 정도로만 생각해서 속상할 때가 많았다. 동생에게 아량도 베풀고 그랬으면 좋았을 텐데, 아쉽지만 준석이에게는 그런 점이 부족했다.

그 후에도 동생 문제로 아무리 혼을 내고 가르쳐보아도 버릇없이 굴 때는 힘들었다. 사내애들은 열 살만 돼도 엄마 혼자서 완벽하게 컨트롤하기 어려워진다. 남자라 힘이 세서 더욱더 그렇다. 그래서 준석이가 동생을 심하게 괴롭히거나 버릇없는 행동을 계속 하면 남편에게 하소연을 하곤 했다. 그러면 간혹 준석이 아빠가 집에 있는 골프채를 들고 준석이를 혼냈던 적이 있었다. 준석이가 부모의 체벌 얘기를 한다면 아마 그때 일을 얘기하는 것 같다.

중고등학교 때도 크게 변한 것은 없었다. 두 살 터울 형제 사이는 쉽지 않다. 나이가 들고 체격도 커지고 그러면 그에 맞게 생각도 커지고 배려심도 많아지면 좋겠는데, 적어도 20대가 될 때까지는 그러지 못했다.

내 바람과 달리 두 형제가 커가면서 알게 모르게 서로에 대한 원망과 상처를 계속 안고 살아온 것 같다. 그 점은 지금 생각해봐도 늘 아쉽다.

🎓 두 살 아래 동생은 늘 싸우는 경쟁자죠

동생은 부모님 앞에서만 형을 인정한다는 것을 어머니는 모른다. 남들 앞에서는 부모님 앞에서와 다르게 말한다. "공부만 잘했지, 생긴 것도 성격도 키도 다 나보다 못한 바보라서 이용해 먹기 쉬워!" 이렇게 말이다. 그리고 그 얘기가 여러 경로로 내게 들어오다 보니, 어느 순간 부모님의 개입 없이 스스로의 힘으로는 동생을 컨트롤할 수 없겠다는 생각이 들었다. 그래서 대학교 때부터 동생을 멀리하기 시작했던 것이다.

동생은 막내라서 그런지 조금 여우같은 구석이 있다. 우리 집은 상대적으로는 분명 부유했으니까, 자기가 공부를 그렇게 절실하게 안 해도 먹고 사는 데 지장이 없다고 생각했던 것 같다.

나는 어려서부터 동생의 그런 면이 싫었다. 적어도 인생에 있어서 한 가지는(나에게는 그게 공부) 최선을 다해 노력하여 도전하는 자세가 필요하다고 생각했는데, 동생은 그러지 않았다. 말로는 형을 도저히 뛰어넘을 수 없어서 공부는 포기했다고 하지만 그 외 모든 일이 다 그랬다고 생각한다.

물론 그 기준이 너무 높아서일 수도 있고, 어머니의 말대로 내가 형으로서 동생을 보듬지 못해서일 수도 있다. 하지만 겨우 두 살 차이 아닌가? 실제로 동생이라기보다는 친구 같은 사이였다. 지금도 나는 동생한테 형으로서 어떤 권위도 가지고 있지 않다. 아무튼 이러한 형제 관계의 황폐함(?) 역시 사실은 부모의 교육이 놓치고 있는 지점일 수도 있다.

아이의 성향 파악을 위해 어떤 활동을 하셨나요?

준석이의 성향을 파악하기 위해 나부터 아이에 대해 제대로 알 필요가 있었다. 이를 위해 준석이가 다양한 경험을 할 수 있도록 나름대로 노력했다. 그러한 경험 속에서 아이의 진짜 모습을 엄마인 내가 제대로 알아차릴 수 있을 거라는 판단에서였다.

게다가 나 또한 어린 시절 다양한 체험을 하지 못했던 것에 대한 아쉬움도 있었다. 그래서 내 아이에게만큼은 남들 부럽지 않은 귀중한 경험을 쌓게 하고 싶었다. 유치원에 다닐 때부터 전시회나 클래식 공연에 아이들을 데리고 간 것도 그 이유에서였다.

그뿐만이 아니다. 아이들이 그다지 달가워하지 않더라도 나중에 커서 악기 하나 정도는 연주할 수 있게끔 이런저런 학원도 보내 연습을 시키기도 했다. 거기에다 노래도 잘하면 좋겠다는 생각에 성악도 시켰더랬다. 그래서일까? 명절날 친척들과 노래방을 갔더니 친정오빠가 조카 8명 중에 준석이가 노래를 제일 잘한다며 칭찬을 했던 기억이 있다.

여행도 아이들과 자주 가는 편이었다. 90년대에는 해외여행이 지금처럼 활발하지 못했던 시절이었다. 하지만 지금은 돌아가신 준석이 할머니가 워낙 여행을 좋아하셔서 방학 때면 아이들을 데리고 미국에 가거나 삼촌이 유학 중이던 멕시코에 가곤 했다.

여행을 가서 마냥 노는 것은 아니었다. 책이나 교과서로 방문할 나라의 역사나 문화재를 미리 익히고 공부할 수 있도록 했다. 확실히 책으로만 보는 것보다 직접 가서 배우니까 준석이도 재미있어하고 여행의 효과도 배가 되는 거 같았다.

이런 다양한 경험들을 통해 아이의 성향이나 기질에 대해서도 조금씩 알아갈 수 있었다. 특히 공부를 할 때 지구력과 체력이 중요한데, 다양한 운동을 시키면서 준석이가 그 나이대 아이들과 비교했을 때 뒤지지 않을 정도의 체력과 지구력을 지녔다는 걸 알게 되었다. 실제로 늦은 나이에 의대와 치대를 다시 들어갔을 때 자기보다 적잖게 어린 동기들과 공부하면서도 체력적으로 힘들어한 적이 없었다. 오히려 같이 공부하는 동기들 사이에서 공부 체력이 대단하다는 얘기를 곧잘 들었다는 말에 '어릴 때부터 여러 활동을 한 게 헛된 것이 아니었구나' 하는 생각을 했더랬다.

🎓 다양한 경험으로 나의 기질을 알아갔죠

어렸을 때는 잘 몰랐지만 내가 성인이 되고 나서 깨닫게 된 놀라운 점 하나는 어머니가 나에게 같은 나이대의 친구들보다 엄청나게 많은 경험을 하게 해주셨다는 사실이다. 단순히 영어나 수학 같은 학원만 보낸 것이 아니라 학교 성적에 직접적으로 도움이 되지 않는 예체능 분야에서도 다양한 경험을 쌓게 해주셨다. 악기 같은 것도 3~4개를 가르쳐보고 하나 정도는 내 성향과 맞는 악기가 있지 않을까 생각하셨다고 했다.

지금 돌이켜보면 어머니는 가급적 다양한 경험과 기회를 갖게 함으로써 어머니 스스로가 자식인 나의 성향이나 기질을 빨리 알아내기 위해 노력하셨던 것 같다. 그게 학원이든, 체험 학습이든, 여행이든 어떤 과정이든 간에 말이다.

그런 여러 가지 경험을 통해 나는 스스로도 몰랐던 내 진짜 성향이나 적성 등을 알게 되고, 또 그러한 성향들을 남들보다 빨리 더 집중력 있게 개발시킬 수 있었다.

 공부는 집중력이 매우 중요한데, 서준석 원장은 어땠나요?

확실히 남다른 면이 있었다. 준석이는 워낙 집중력이 좋아서 한 번 몰입하면 다른 데 신경을 쓰지 않았다. 공부를 하다가 주변을 치운다거나 자리에서 일어나 왔다 갔다 하질 않았다는 얘기다. 초등학교 때부터 수련장(문제집)을 사서 주면 앉은 자리에서 순식간에 다 풀 정도였다. 심지어 한번 공부하려고 앉으면 속옷 엉덩이 부분에 구멍이 날 정도로 오래 앉아 있었다.

어느 날은 울면서 문제집을 풀고 있을 때가 있었다. 그렇게 힘들면

하지 말라고 말려도 오늘 분량은 다 해야 한다며 울면서 끝까지 문제를 풀었다. 높은 집중력과 시작한 걸 끝까지 마무리해야 한다는 마음가짐은 타고 난 게 분명하다.

집중력이 남다른 아이였어요

속옷에 구멍이 날 정도로 앉아 있었던 걸 떠올려보면 어린 나이에 확실히 집중력이 강했던 건 사실이다. 오히려 어리니까 사고가 단순했달까? 지금은 TV도 보고 싶고 핸드폰도 보고 싶고 먹고 싶은 것도 많아서 오만가지 상념이 집중을 방해한다면, 어린 시절에는 책과 내가 이 세상의 전부였기에 비교적 집중을 쉽게 했던 것 같다.

생각해보면 어린 시절에는 밖에서 야구를 해도 영화에 나오는 것처럼 야구공이 느리게 슬로우 모션으로 나에게 오는 경험도 종종 했었다. 이처럼 지금은 상상도 못할 집중력이 어린 시절에는 있었다.

어린 마음에 꼭 하고픈 거나 잘하고픈 게 있으면, 될 때까지 죽어라 해서 결국은 손에 넣거나 실력 성장을 이루는 스타일이었다. 이게 어렸을 때는 철없고 투정만 부리는 쪽으로 특화되기 쉬운데, 다행인 건지 공부 같은 분야에서도 이런 집착(?) 같은 성격이 발휘가 되어서 좋게 발현이 된 게 아닐까 싶다.

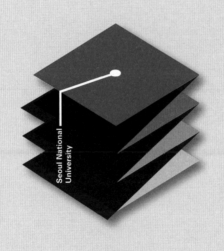

CHAPTER 2

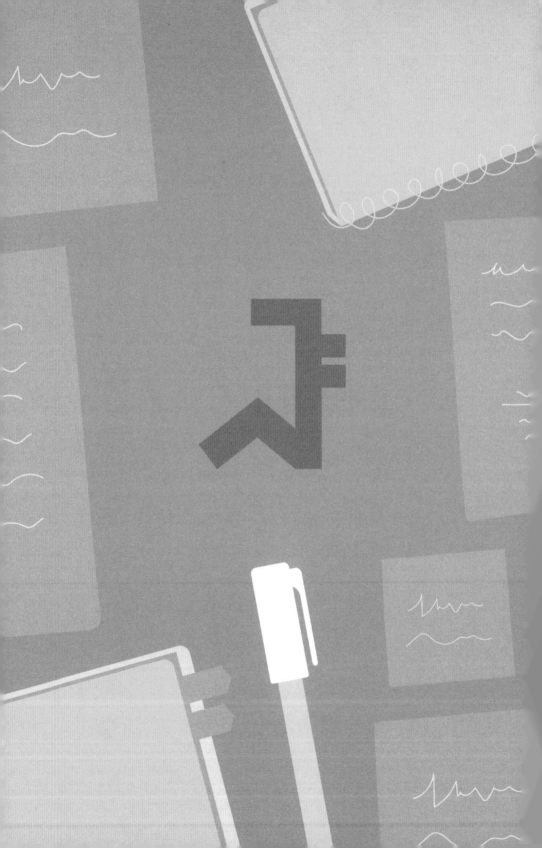

엄마의 교육 철학을
확고히 하라

　　요새는 예전보다 학원 및 과외 시장이 커졌을 뿐만 아니라 인터넷을 통한 온라인 사교육 시장까지 생기면서 수많은 선생님들이 아이의 성장과 교육에 큰 영향을 주고 있다. 하지만 여전히 아이들을 잘 아는 것은 선생님이 아니라 부모다. 그런 부모의 교육 철학은 당연하게도 아이들의 교육에 지대한 영향을 준다.

　　좋은 학원을 보내거나 좋은 과외선생님을 통해 아이를 세심하게 관리하더라도 기본적으로 부모님, 그 중에서도 어머니가 확고한 교육 철학을 가지고 아이와 끊임없이 소통하며 아이의 교육에 가장 앞장서야 된다. 기본적으로 타고난 재능이 있고, 아낌없는 지원을 받더라도 부모의 사랑이나 관심이 뒷받침되지 않으면 기대 이하의 결과를 초래할 수 있기 때문이다. 이는 대치동 사교육 시장의 한가운데에서 수도 없이 보고 들었던 일들을 바탕으로 내린 결과다.

아이들에게 어떤 엄마가 되고자 하셨나요?

나는 직장을 다니지 않고 집에서 살림만 하니, 이 상황에서 내가 할 수 있는 최선이 뭘까 많은 고민을 했다. 그러다 무엇보다 애들을 잘 키우고 살림을 잘하는 게 내가 할 수 있는 가장 중요한 일이라고 생각했다. 그리고 문득 학창시절이 떠올랐다.

고향이 통영인데, 그때는 점심시간에 집에 가서 밥을 먹고 학교로 돌아가야 했다. 우리 친정어머니는 일을 하셨기 때문에 낮에는 집에 안 계셨다. 그래도 혹시나 하는 마음에 오늘은 어머니가 날 반겨주시지 않을까 하는 즐거운 상상을 하며 집에 가곤 했다. 들뜬 목소리로 "엄마!"라고 외치며 집에 들어갔지만, 그곳에는 엄마가 없었다. 그럴 때마다 내 마음은 뭔가 허전하고 외로웠다. 그때 그 감정을 아직도 잊지 못한다.

몇 년 후 중학교는 부산에서 다녔고, 고등학교를 가기 위해 서울로 유학을 갔다. 친정어머니의 높은 교육열 덕분이었다. 당신께서는 공부를 더 하시고 싶었지만 집안에서 대학을 보내주지 않았다고 들었다. 바로 위 언니만 일본으로 유학을 보내고 어머니는 간호 전문대학을 가야만 했다. 친정 형편이 여의치 않아 공부를 더 하지 못했던 것이다. 그래서인지 어머니는 어린 딸을 공부시키기 위해 일찍 타지에 내보냈다. 그러다 보니 자연스럽게 어머니의 품에서 더욱더 멀어졌고, 그때의 쓸쓸함과 외로움이 아직도 남아있다.

그래서 나는 결혼을 하고 아이를 낳아서 키우게 되면 아이 옆에 항상 있어야겠다고 생각했다. 내 일을 포기하고 집안일만 하더라도 아이의 어린 시절에 허전함과 쓸쓸한 마음을 느끼지 않게 해주고 싶었다. 엄마가 필요할 땐 옆에 있어주고, 그렇지 않을 때는 한 발자국 뒤로 물러나 지켜 봐주는 든든한 부모가 되어주고 싶었다.

물론 요즘 엄마들이 나처럼 하기란 쉬운 일은 아닐 것이다. 아이 옆에 붙어있는 것이 좋지만 아무래도 요즘 엄마, 아빠들은 바쁘니 어렵지 않나 싶다. 하지만 그렇다고 아예 손을 놓지는 말았으면 좋겠다. 퇴근 후 아이 와 정서 교감을 하기 위해 대화를 많이 한다거나 주말에는 꼭 아이와 시 간을 보낸다거나 하는 식으로 함께하는 시간을 늘리려고 노력하는 것이 중요하다. 한 마디로 양보다 질에 집중하는 것이다. 아이는 그 짧은 시간 만으로도 큰 만족감을 느끼고 부모와 함께하는 것에 행복해할 것이다.

🎓 늘 함께 해주셨던 어머니의 고마움을 이제는 느껴요

어머니의 어린 시절에 대한 사연은 처음 듣는 이야기다. 그런 데 어머니가 계속 집에 계시고 내 옆에 계신 게 이런 이유라고 생각하니 조금 더 다정하게 대해주고 귀찮은 티를 덜 낼 걸 하는 후회가 든다.

솔직히 말해서 나는 어린 시절 학교에서 돌아왔을 때 어머니 가 늘 집에 계신 것이 좋기보다 오히려 좀 불편하다고 느꼈다. 특히나 사춘기가 시작된 중·고등학교 때에는 집에 어머니가 안 계실 때 공부하기가 더 좋고, 편하다고 생각했다. 그래서 어 머니가 너무 집에만 계시는 것이 사실 불만 아닌 불만이기도 했 었다.

근데 이번에 책을 쓰면서 어머니의 말씀을 들어보고 생각이 조금 바뀌었다. 내가 어느 정도 독립심을 가지고 자아가 본격적으로 형성되기 전에 늘 내 옆에 계시던 어머니가 나를 도와주고 이끌어주신 덕분에 알게 모르게 나의 성장이나 정서 형성, 그리고 공부 등에 큰 도움이 되었던 것 같다. 나이가 들어 다양한 배경에서 자란 사람들을 만났을 때 가족에 대한 애정이나 그리움이 너무 큰 것을 보면 이해하기 힘들었다. 그것은 어쩌면 내가 의식하지 못했을 뿐, 어머니가 나의 정서적인 면을 어렸을 때 충분히 채워주셨기 때문이 아닐까 생각한다.

이러한 어머니의 얘기를 몰랐을 때는 내가 10대 시절 가출 한 번 안 하고, 아니 학교에서 문제 한 번 일으키지 않고 올바르게 큰 것 자체에 스스로 뿌듯함이나 자부심을 느끼고 있었다. 그런데 생각해보면 그렇게 자란 데에는 나 자신의 노력이나 능력 때문이 아니라, 어쩌면 어머니의 교육 방식 때문이 아니었나… 하는 생각이 든다.

 친정어머님의 교육으로 어떤 영향을 받으셨나요?

친정어머니는 통영에서 제일 유명한 조산사셨다. 요즘으로 치면 제일 유명한 산부인과 의사였던 것이다. 실제로 당시 통영에서 제일 큰 적십자병원 산부인과 의사가 분만 중 큰일이 생기면 우리 친정어머니에게 도움을 요청할 정도였다.

게다가 적십자 회장을 맡을 정도로 봉사 활동도 매우 활발히 하셨던 걸로 기억한다. 형편이 어려운 분은 분만을 그냥 도와주시고, 아이 옷이나 이불, 산후 몸조리에 필요한 미역 등을 직접 사서 주는 등 정말 좋은 일을 많이 하셨다. 그래서 김영삼 정부 때에는 노인의 날 행사에서 대통령훈장도 받으셨다. 이는 적십자회장상으로 쉽게 말해 봉사상이다.

이처럼 우리 친정어머니는 정말 훌륭한 분이셨고, 내게 귀감이 되는 분이셨다. 내가 어머니를 생각하듯이 우리 애들이 나를 존경하며 귀감이 된다고 생각해줄까? 나는 자신이 없다.

남에게 늘 봉사하는 삶을 사셨던 우리 어머니를 보며 나는 어머니의 발끝도 못 따라간다고 생각했더랬다. 그런데 꼭 그런 것만은 아니었다. 나 역시 어머니가 어려운 사람을 돕는 모습을 보고 자라서 남을 챙겨주는 걸 좋아했고, 거기서 뿌듯함과 만족감을 느꼈다. 어쩌면 그런 어머니의 가르침 덕분에 아이들을 더 잘 챙길 수 있었던 건지도 모른다.

또한 앞에서도 말했듯이 어머니는 교육열이 높으셨고, 내가 많이 배울 수 있도록 애쓰셨다. 그 시대에는 여자를 그렇게 교육시키기 힘든데도 어떻게든 내게 하나라도 더 가르치려고 많이 노력하셨다. 나 또한 그런 교육열을 이어받아 우리 아이들이 부족함 없이 공부할 수 있도록 하기 위해 부단히도 애를 썼다.

🎓 외할머니야 말로 훌륭한 의사 역할을 하셨어요

의대를 다니면서 외할머니가 얼마나 뛰어난 분이었는지를 알게 됐다. 사실 나도 외할머니가 조산사 역할을 해서 태어났다. 그 과정에서 아무런 문제가 생기지 않고 건강히 태어난 것만 봐도 외할머니는 분명 당시에 뛰어난 조산사셨고, 머리도 좋으셨을 것으로 예상된다.

또한 교육에도 무척 관심이 많으셔서 어머니한테도 아낌없는 지원을 하셨다고 들었다. 50년대에 통영에서 태어나 초등학교를 다닌 딸을 부산으로 중학교를 보내고 다시 서울로 고등학교를 보내는 건 보통 교육열이 아니고서는 쉽게 할 수 있는 일이 아니었다. 그런 할머니의 교육열을 이어받아 우리 어머니도 나를 그렇게 교육시킨 게 아닐까 생각한 적이 있다.

 ## 친정아버님께는 어떤 영향을 받으셨나요?

우리 아버지는 매우 똑똑하고 영민한 분이셨다. 그 시절에 무역 일을 하시며 사업을 크게 할 정도로 진취적인 분이기도 했다. 그래서인지 아버지는 자신의 딸이라면 무엇이든지 잘하는 게 당연하다고 생각하셨다. 때문에 내가 무언가를 잘 해내도 그 흔한 칭찬 한 번 해주지 않으시며 모든 걸 당연하게 여기셨다. 그 시절 부모님답게 참으로 무뚝뚝한 분이셨던 것이다.

나는 어머니에게 남을 돌보는 마음과 내 아이를 위한 교육열을 배웠지만, 안타깝게도 아버지의 그런 무뚝뚝한 점도 그대로 학습하고 말았다. 누군가를 칭찬하는 게 그저 어색하고 쑥스럽게만 느껴졌었다. 때문에 아들인 준석이에게조차도 제대로 표현을 하지 못한 것이 참 안타깝다.

자식을 키울 때 자식에게 무조건적으로 칭찬만 하고 자식의 잘못을 꾸짖지 못하는 것도 좋지 않지만, 사랑한다는 표현이나 칭찬에 인색한 것도 좋지 않다. 혼내야 할 땐 단호하게 혼내고 칭찬과 격려 또는 사랑이 필요할 땐 아낌없이 애정 표현을 해줘야 한다는 사실을 뒤늦게 깨달았다. 요즘말로 하면 적절한 '밀당'이 자녀 교육에도 필요하다는 것이다. 그러한 밀당을 누구보다 잘할 수 있는 건 아마 아빠가 아닌 엄마의 역할이 아닐까 싶다.

🎓 아직도 칭찬이 받고 싶어요

어린 시절에 한참 버릇없다고 이런저런 이유로 부모님께 많이 혼났었다. 그때는 왜 이렇게 많이 때리실까, 원망도 하고 이해도 할 수 없었다. 이렇게까지 내가 맞으면서 이 집에서 살아야 되나 의문이 들 때도 있었다.

하지만 나이가 들면서 그때의 일들을 다시 생각해보니 다 혼날 이유가 있었다. 그 당시에 내가 했던 버릇없고 싸가지 없던 행동들을 떠올려 보면 부모님이 회초리를 드는 게 맞았다는 생각이 든다. 그때 그렇게 혼나고 맞지 않았다면 분명 나는 그대로 버릇없고 예의 없게 컸을 것이 분명하다.

지금은 다 큰 성인이 되어서 그때의 일을 모두 이해한다. 하지만 어렸을 때는 무섭게 매를 드는 어머니와 아버지가 원망스러웠다. 그리고 가끔 학교에서 전교 1등을 못하고 성적이 떨어지면 실망한 기색을 내비치는 어머니, 아버지가 너무나 냉정하고 차갑게 느껴졌던 적이 있었다.

그때 느낀 감정들은 커가면서 스스로 내성이 생겨서 오히려 덕을 본 경우도 더러 있었다. 예를 들어 성인이 되어서 겪은 연인과의 이별이나 친한 친구가 뒤통수를 쳤을 때가 그랬다. 다른 사람 같으면 이런 일에 크게 상처받았겠지만, 나에게는 그다지 큰 스트레스가 되지 않는 긍정적인 면도 있었다.

그래서 어렸을 때는 그런 부모님의 체벌이나 냉정한 교육 방식에 대해 원망이 있었으나 나이가 들수록 그렇게 나를 엄하게 교육시켜주시고 길러주셔서 고맙다는 생각이 드는 것도 사실이다.

다만 어머니의 칭찬 부분에 대해서는 한 마디 더 얹고 싶은 것이 있다. 앞에서 하신 말씀과는 달리 어머니는 자식들 칭찬에 인색하신 게 아니라 유독 나에게만 많이 인색하셨다. 어렸을 때부터 동생은 반에서 2~3등만 해도, 1~2개만 틀려도 잘했다고 칭찬을 해주셨던 기억이 난다. 하지만 내겐 그렇지 않으셨다. 전교 1등을 하고 다 맞아야만 겨우 칭찬을 한 마디 정도 매우 짧게 해주셨다. 그럴 때마다 나보다 성적이 안 좋은 동생에게는 왜 저렇게 칭찬 일색일까 항상 의아했던 기억이 난다.

　나이가 들면서 나오는 달리 동생은 혼을 내기보다 오히려 격려해주고 응원해줘야 스스로 조금이라도 공부하는 스타일이었기 때문에 의도적으로 칭찬을 많이 해줬다는 것을 알게 되었다. 하지만 어렸을 때는 나 역시도 그냥 어머니의 칭찬을 받고픈 어린 아들이었기 때문에, 유독 나에게만 칭찬이 인색한 어머니가 이해도 안 되고 그런 이유로 동생이 밉기도 했다. 그래서 어머니가 말씀하셨던 것처럼 형으로서 동생에게 친절하게 양보를 하거나 배려해주지 못하고 못된 형이 되었는지도 모른다.

　어쨌든 어린 시절 난 어머니 아버지의 큰 뜻을 이해하기에는 너무 어렸기 때문에, 부모님의 냉정했던 모습들이 마음 한구석에 마치 트라우마처럼 남게 되었다. 그래서 성인이 되고 마흔이 넘은 지금도 누가 의례적인 인사로라도 좋은 말을 하거나 겉치레뿐인 말을 해도 나에 대한 칭찬을 해주면 기분이 너무 좋아진다. 그럴 때마다 어렸을 때부터 인색한 어머니의 칭찬에 너무 목말라하면서 컸던 영향 때문일 거라고 스스로 생각하고는 한다.

학창시절의 경험이 자녀 교육에 어떤 영향을 주었나요?

부산에서 중학교를 나온 뒤 고등학교는 서울의 이화여고를 나왔다. 서울대에 가겠다고 어머니에게 장담하며 서울로 왔지만 막상 와보니 힘들고 자존심 상할 일도 많았다.

그 시절에는 과외가 흔했고 종로의 학원도 많이들 다녔다. 나 또한 서울에서 공부하다 보니 다른 학교 학생들과 섞여서 과외를 받고 종로의 학원도 다녔다. 엄마의 역할이 필요한 시기였지만 모든 것을 나 혼자서 해야 했다. 그래서 상대적으로 부족함을 느끼며 스스로 공부 실력을 향상시키는 데에도 한계가 있었다.

이때의 경험이 나로 하여금 준석이가 학교를 다닐 때 옆에서 과외 팀도 조직하고, 학원도 열심히 알아보고 다니게 한 원동력이 되었다. 아무리 자식이 공부에 열의가 있고, 공부 머리가 있어도 좋은 학원을 알아보고, 좋은 과외선생님을 소개해주고, 과외를 같이 받을 아이들을 모아서 팀을 짜는 것 등은 10대의 어린 아이가 혼자서는 할 수 없는 일이다.

그렇기 때문에 나는 아이들 성적 향상에 대한 차이는 개인의 노력보다는 부모님, 특히 엄마의 서포트 차이에서 나왔다고 생각한다. 그게 내가 엄마로서 준석이에게 더 열심히 공부에 대한 서포트를 해준 이유다. 아이가 공부에 재능이 있고 열의가 있어도 엄마의 역할이 충분하지 못하면, 아이의 공부 실력이나 성적은 더 성장하지 못하고 제자리에 머무를 수 있다. 이는 내가 중·고등학교 시절 엄마의 서포트 없이 혼자서 외롭게 타지에서 공부하면서 절실히 느끼고 경험한 것이다.

🎓 함께 공부할 친구가 많아서 힘이 되었어요

확실히 어느 정도 같이 공부할 친구들이 있어야 본인의 공부 열의도 더 생기고 성적 향상에도 도움이 된다. 나 역시도 대치동 동아학원에 다닐 때 같이 공부하는 친구들이랑 상대적으로 빨리 친해졌다. 또 어머니가 학원뿐만 아니라 과외 팀을 만들어서 밖에서 같이 공부하고 밥도 먹을 친구들을 만들어주셨기 때문에 혼자 공부하는 자의 외로움이나 괴로움을 느끼지 못하고, 공부에 대한 스트레스를 좀 덜 받으면서 공부할 수 있었다.

특히 너무나 어려운 내용을 배울 때 도움이 되었다. 예를 들어 초등학교 6학년 때《실력 수학의 정석》을 갑자기 공부해야 했는데, 아마 혼자이거나 동아학원에 나랑 비슷한 고민과 괴로움을 가지고 있는 친구가 없었더라면 그 벽을 뛰어넘을 수 없었을 것이다. 하지만 다행히도 그때 이미 나는 동아학원에 같이 수학을 열심히 공부하는 친구들을 많이 만났다. 그들과 정서적으로도 상당히 친해져 있어서 괴로운 상황에서도 웃음을 잃지 않고 긍정적으로 포기하지 않고 공부를 끝까지 해나갈 수 있었다.

이런 상황을 만들어줄 수 있는 건 학생 스스로의 노력보다 엄마의 노력이 중요하다고 생각한다. 아이는 새로운 학원에 가서 난이도 높은 강의를 듣고 공부만 하기에도 바쁘다. 그러니 엄마는 아이가 학원에서 공부할 때 외로움을 느끼거나 실력 차이가 크게 나는 기존 학원 수강생과 어울리지 못하고 있는 건 아닌지 살펴봐야 한다.

가급적 그러한 학원에 갈 때 어려서부터 잘 아는 비슷한 실력의 친구와 같이 다니는 것도 좋은 방법이다. 나 역시 그러한 친구 2~3명과 동아학원에 같이 갔었고, 그 친구들 덕분에 학원에 오고 갈 때 카풀 같은 것도 해서 부모님의 노력 또한 효율적으로 절감할 수가 있었다.

 수학 교사 경력이 자녀 교육에 도움이 되었나요?

남편이 의대를 졸업할 때까지 2년간 고등학교 수학 교사로 재직했다. 나만의 커리어를 쌓아가는 게 꽤 보람 있는 일이었지만, 한편으로는 고민이 되기도 했다. 결혼해서 아이를 낳아 키우면서 직장 생활을 할 경우 엄마의 빈자리로 인해 느껴지는 정서적 불안감, 공부를 할 때 겪게 되는 어려움 등을 소중한 내 자식이 느끼진 않을까 하는 걱정에 사로잡히곤 했다. 어쩌면 이로 인해 자녀 교육에 있어서는 실패를 불러오지 않을까 염려도 됐다.

아이는 태어났을 때부터 늘 옆에 있었던 엄마라는 존재로부터 안정감이나 심리적인 풍요로움을 느낀다. 그런 점들이 어린 시절의 정서 발달이나 두뇌 개발, 학습 능력 향상 등에 알게 모르게 큰 기여를 한다는 걸 누구보다 잘 알고 있다. 때문에 아이를 누군가에게 맡겨두고 나와 일하는 것에 대해 더욱더 큰 고민을 해야만 했다. 특히나 그 시대에는 밖에서 일을 하는 엄마가 지금처럼 많지 않아서 더욱더 고민할 수밖에 없었다. 때문에 언젠가 당연히 그만둬야 한다고 생각했다.

요즘도 마찬가지일 것이다. 커리어를 차근차근 쌓고 사회생활을 하면서도 세상 모든 엄마들은 집에 두고 나온 아이들이 마음 한구석에 늘 걸릴 것이다. 부모의 관심과 사랑을 충분히 받아야 하는 시기인데, 혹시 내가 밖에서 일을 하느라 아이들에게 신경을 덜 써서 정서적으로 부족함이 생기는 것은 아닐까? 다른 엄마들은 아이들 옆에서 하나부터 열까지 신경 써주는데, 나는 그러지 못하니 우리 아이들 학업에 지장이 생기는 건 아닐까? 하는 그런 걱정들 말이다.

그런 걱정들 속에 사직을 결정했지만, 지금 생각해보면 교사로 일한 그 경험이 아이 교육에 영향을 끼친 것 또한 사실이다. 특히, 준석이 친구였던 S의 누나를 알게 된 뒤 교사 시절 아이들을 가르치며 느꼈던 선행학습의 효과에 대해 다시금 생각하게 되었다.

S의 누나는 경시대회에도 나가 상을 타기도 했다. 그런 누나를 둔 S는 얼떨결에 선행학습이 되어서 경시대회에 나가 상을 받는 일도 잦았다. 그런 과정을 옆에서 가만히 지켜보니 약 2년 정도 빠르게 진도를 나가 선행학습을 하면 충분히 앞서 나갈 수 있을 것만 같았다. 특히나 수학은 기초만 단단히 잡아두면 얼마든지 진도를 뺄 수 있다고 생각했다.

이에 나는 교사 시절 그리고 수학을 전공했던 경험을 바탕으로 준석이를 미리미리 가르치기 시작했다. 게다가 운 좋게도 그 시절 '재능수학'이라는 학습지가 생겼다. 함께 선행학습을 해줄 길라잡이가 생긴 것이다. 그래서 바로 집에서 지도가 가능한 재능수학을 시켰다.

🎓 수학의 중요성을 깨우쳐주신 것이 가장 큰 가르침이었어요

사실 70년대 후반에는 어머니처럼 결혼하면 직장을 그만두는 게 자연스러웠다. 내가 느끼기에 어머니는 초등학교 3~4학년 무렵까지 나를 충분히 지도하고 이끌어주실 수학 능력을 갖고 계셨다. 개인적으로 5학년 때 대치동 동아학원을 가기 이전까지는 좋은 가정교사 역할을 충분히 해주셨다고 생각한다.

어머니가 시킨 재능수학을 매일 풀고 손으로 교구를 가지고 노는 몬테소리를 다니면서 받은 교육이 내가 선행학습을 거의 하지 않은 초등학교 시절에도 학교에서, 또 대치동 동아학원에서 남들보다 좀 더 빨리 수학 실력이 늘고 수학을 잘할 수 있게 된 비결이 아닐까 싶다.

요즘은 초등학교 입학 이전부터 이미 초등학교 5~6학년 과정까지 다 배우고 가려는 과도한 선행학습의 시대라고 할 수 있다. 하지만 이처럼 단계적으로 수학적 두뇌를 발달시키고 수와 친해지게 하고 연산 능력을 길러주는 선행학습 이전의 과정이 역설적으로 가장 필요한 과정이 아닐까 싶다. 뒤에서도 나오겠지만 무조건적인 선행학습은 절대 수학 실력 향상에 답이 되지 않는다. 오히려 수학 실력 향상에 독이 될 가능성이 높다는 것을 학부모님들이 아셨으면 좋겠다.

개인적으로는 아이들 교육에 있어서 아빠, 즉 남편의 역할 역시 중요하다고 생각한다. 보통 아이의 교육에는 엄마의 관심이 더 크고, 어떤 학원을 보내고 어떤 진로로 갈지는 엄마의 의견이 더 반영되는 경우가 많다. 이렇게 되면 보통 아빠의 역할은 경제적인 서포트에만 그친다.

그러나 자녀 교육을 성공적으로 이뤄냈던 대부분의 가정에서는 자녀 교육에 관련해서 엄마의 역할과 더불어 의견을 적극적으로 지지하고 지원해주고, 또 적재적소에 좋은 조언을 건넬 수 있는 아빠의 역할도 필요하다. 바로 준석이 아빠처럼 말이다.

우리는 자녀 교육 문제로 부부 간에 의견이 다른 일은 없었다. 고맙게도 준석이 아빠가 나를 무조건 백 프로 다 믿어주고 지원해줬기 때문이다. 잔소리도 일절 없었다. 금전적인 부분에서도 마찬가지였다.

준석이 아빠는 비교적 생활비를 넉넉히 주는 편이었다. 난 그런 생활비의 대부분을 애들 교육비로 사용했다. 최대한 수업료가 적으면서 좋은 학원을 선택했고, 방학에는 수소문해서 비교적 합리적인 금액으로 가르치는 선생님을 선택해 과외를 시켰다. 그럼에도 불구하고 아이 교육에는 어쩔 수 없이 큰돈이 들 수밖에 없었다. 이럴 때 나에게 큰 힘이 되어줬던 것이 남편의 지지였다.

조금은 과도한 사교육비에 불만이 있을 법도 한데, 준석이 아빠는 내가 '이 학원이 필요하다', '이 선생님이 필요하다'고 하면 군말 없이 교육비를 지원해줬다. 얼마를 어디에 썼는지도 묻지 않았다. 내가 돈을 절대 허투루 쓰는 스타일이 아닌 걸 알고 있어서였기도 했겠지만, 그래도 믿고 맡겨준 점이 고마웠다.

게다가 물리적 시간을 투자할 때도 많은 도움을 주었다. 강남에 사는 아이들과는 달리 준석이는 강동구 끝 쪽에 살았기 때문에 대치동과 거리가 너무 멀어서 다른 아이들처럼 버스나 지하철을 타고 혼자서 학원에 가기가 쉽지 않았다. 그래서 어쩔 수 없이 내가 그 긴 거리를 매일같이 차에 태워 이동해야만 했는데, 그럴 때마다 종종 남편이 나서곤 했다. 그는 열심히 일하고 집에 와서 피곤할 텐데도 자주 나보고 쉬라고 하고 밤늦은 시간에 대치동에 가서 준석이, 준용이를 데려오고는 했다. 여름 방학 같은 때는 밤 12시가 다 돼서 학원이 끝나는 적도 많았는데, 다음날 아침 일찍 출근해야 되는데도 그 늦은 시간에 아이를 데리러 가면서도 군소리 한 마디 없었다.

대치동 엄마들이 받는 가장 큰 스트레스 중의 하나가 남편인 아빠들의 원성이나 불만이라고 들었다. 나는 누구보다 교육열이 심한 엄마였지만, 남편 때문에 스트레스를 받아본 적이 단 한 번도 없었다. 지나고 보면 그런 점이 참 고맙다.

시어머니도 공부를 많이 한 약사시고 교육열도 높으셔서 준석이 아빠가 꼭 서울대 가기를 바라고 어렸을 때부터 좋다는 학원, 유명하다는 과외 선생님은 다 찾아다니면서 가르치셨다.

그렇기 때문일까? 아이들 아빠는 나처럼 준석이에게 좋은 성적을 강요하거나 그러지는 않았다. 사실 본인도 학창시절 열심히 공부를 했던 터라 좋은 성적을 아들에게 강요하는 것이 아이에게 얼마나 큰 압박감과 스트레스를 주는지 너무 잘 알고 있어서 그랬던 것도 같다.

"항상 시험 결과가 꼭 좋을 수는 없다. 행여 입시에 실패해도 그게 꼭 모든 노력을 물거품으로 만드는 것이 아니다."

남편은 때때로 이런 말을 준석이는 물론 내게도 해주고는 했다. 그래서 과학고 입학시험 전날이나 수능 전날에 준석이를 불러다가 내일 시험 결과가 안 좋아도 되니까 최선을 다하고 실수만 하지 말라고 얘기했다. 하지만 정작 시험 당일 아이가 고사장에 들어가면 본인이 더 긴장하는 모습을 보이곤 했다.

적극적으로 지원은 해주되, 결과에 대해 너무 압박감을 주지는 않을 것. 그리고 진로에 대해서 아이가 원하는 대로 할 수 있도록 하지만 선택에 대한 결과 역시 본인에게 있음을 정확하게 주지시켜줄 것. 그 과정에서 부모의 서포트나 도움이 필요하다면 최선을 다해 해줄 것. 이것이 바로 남편의 교육관이었다. 그런 남편이 있었기 때문에 나도, 준석이도 비교적 스트레스를 덜 받고 걱정 없이 오로지 공부 그 자제에만 몰두할 수 있지 않았나 싶다.

이 글을 읽는 어머니들도 혹시나 부부 간에 의견이 다르다면 최대한 대화를 통해 자녀 교육의 방향과 방식을 맞추시길 바란다. 두 부모의 교육관이나 방법이 다르고 그것 때문에 갈등이 일어난다면, 그걸 제일 먼저 느끼고 영향을 받는 것은 바로 자녀들일 것이기 때문이다.

아버지들도 단순히 자녀 교육을 전부 아내에게 일임할 것이 아니라, 능력이 허락하는 한 마치 집안일을 분담하듯 아내와 슬기롭게 자녀 교육을 분담해줄 것을 권한다. 아이의 교육과 관련해서 아무래도 어머니의 역할이 절대적이긴 하지만, 아버지의 역할과 도움 역시 꼭 필요한 부분이 있을 것이기 때문이다.

아버지는 열심히 경제적 서포트만 해주는 게 좋고, 대부분의 자녀 교육은 어머니의 몫이라는 생각 역시 절대 정답은 아님을 말해주고 싶다. 자녀 교육과 관련해 아내의 선택을 적극적으로 지지하고 응원해주되, 아버지의 역할이 필요한 부분에 대해서는 적극적으로 관여하고 도움을 주는 능동적인 모습도 공부 잘하는 아이를 두기 위해 아버지에게 요구된다고 생각한다.

🎓 부모님 두 분 다 대단하세요

내가 성인이 된 후 과외도 하고, 학원 강사도 하면서 어머니가 나랑 내 동생에게 쏟은 학원비가 대충 얼마 정도인지를 어림짐작하게 됐을 무렵, 그 학원비를 다 뒷받침해준 아버지의 수고와 어머니의 엄청난 교육 플랜에 아버지가 아무런 반대 없이 적극적으로 따라주셨다는 점이 정말 대단하게 느껴졌었다.

나이가 들고 이제 내 친구들 중에서 결혼을 일찍 한 애들은 아이들의 교육 문제를 두고 아내와 의견 차이로 심하게 다퉜다는 얘기를 종종 술자리 같은 데서 털어놓고는 한다. 그리고 이런 얘기를 들을 때마다 적어도 자녀의 교육 문제로 우리 어머니와 아버지는 전혀 다툰 적이 없다는 사실이 나에게도 매우 신기하게 다가온다.

Seoul National
University

CHAPTER 3

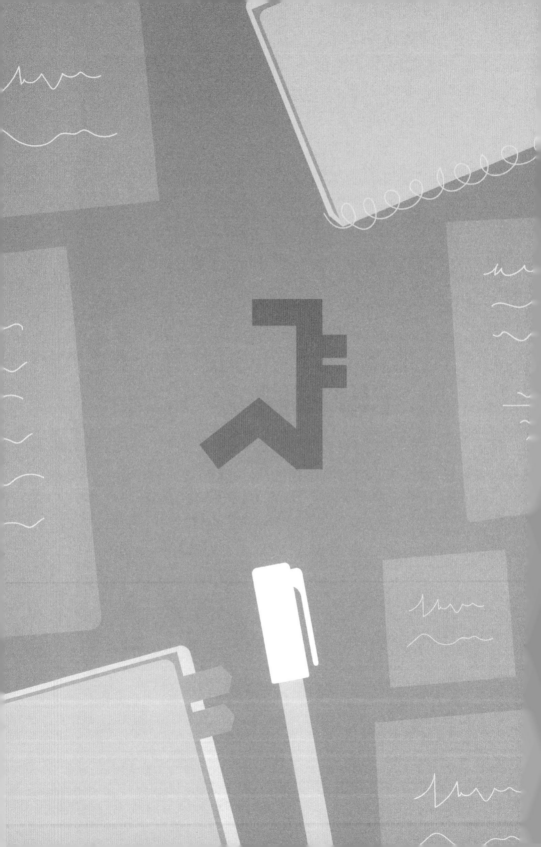

유치원, 초등학교 시기가 중요하다

　본격적인 수학 공부는 중학교 1학년 때부터 할 필요가 있다. 하지만 그때까지 수와 친해지지 못하거나 기본적인 사칙연산을 빠르고 정확하게 하는 훈련을 하지 않는다면, 중학교 1학년 때 마주칠 시험 등에서 좋은 성적을 받는 데 큰 어려움을 겪을 수밖에 없다.

　요즘 유행하는 선행학습이 아니더라도 유치원과 초등학교 때 숫자 자체와 친해지고 빠르고 정확하게 계산하는 능력을 기르는 훈련을 해야 한다. 그리고 조금 더 공부가 가능하다면 수학적인 사고력, 즉 논리적인 사고력을 기르는 훈련도 함께하면 좋다. 이러한 훈련이 가능한 오랜 시간 이뤄질수록 다른 잠재적인 경쟁자들보다 빠르게 좋은 수학 성적을 획득하고, 수학이라는 과목에 대해 자신감을 기를 수 있게 된다.

　나는 초등학교 3~4학년까지는 수학 학원을 다니지 않았다. 그럼에도 교육열이 높은 학부모들이 많은 사립초등학교에서 수학 과목에서 늘 1등을 놓치지 않았던 건 앞서 말한 수학과 친해지는 훈련을 했기 때문이다. 유치원 시절과 초등학교 저학년 시절부터 어머니는 재능수학 같은 문제집을 계속해서 풀게 하셨고 그로 인해 기본적인 수학 실력이 오랜 시간 쌓이게 됐다. 그리고 이러한 수학 실력은 초등학교 5학년 때 본격적으로 어려운 심화 문제를 풀면서 선행학습을 하는데 있어서 든든한 기초이자 버팀목이 되었다.

 ## 몬테소리 유치원을 선택하게 된 특별한 이유가 있었나요?

유치원을 어디로 보낼까 알아보던 중에 교사 시절부터 소문으로 듣고 익히 알고 있던 몬테소리를 발견했다. 몬테소리는 주입식 교육이 아니고 교구를 갖고 놀이처럼 배우는 형식으로 교육한다는 것을 알고 있었다. 마침 동네에 몬테소리 유치원이 있어서 거기를 보내야겠다고 생각했다. 유치원이 길동에 있어서 집에서는 좀 멀었지만, 일반 유치원보다 좋을 거라 생각해서 먼 거리는 크게 고민 대상이 되지 않았다.

아이를 보내놓고 보니 실제로 다양한 교구를 만지고 경험하는 활동이 알차게 구성되어 있었다. 이를 통해 아이가 공부라고 느끼지 않으면서도 자연스럽게 학습을 할 수 있어 좋았다. 유치원에 교구가 참 많았는데, 자기가 원하는 교구를 갖고 놀다가 끝나면 스스로 정리해놓고 왔다. 그 교육 과정도 마음에 들어 나중에 동생도 같이 보냈다.

🎓 유치원 때부터 수학과 친해졌어요

어린 시절 몬테소리 유치원은 꽤 재미있고 다양한 활동을 한 곳으로 기억에 남아 있다. 사실 초등학교 1~2학년 때까지는 단순한 연산 능력을 기르고 수와 친해져야 하는데, 몬테소리 유치원에서 계속 도구를 가지고 놀며 익혔던 것들이 나중에 꽤 도움이 됐다.

나이가 들어 의대를 다니고 수학 공부 관련 책을 쓰면서 알게 된 게 하나 있다. 열 살 이전에 괜히 어려운 개념의 수학 선행학습에 집중하기보다 수와 친해지고 연산 능력을 기르는 게 중요하다는 것이다. 또, 두뇌 발달 시기인 다섯 살 전후에는 퍼즐이나 주사위 같은 놀이로 수와 친해지면서 계산 능력이나 논리력까지 길러주는 도구에 의한 수학 능력 학습이 필요하다. 나는 어린 시절 이런 교육을 어머니의 지도 아래 받았고, 이를 매우 감사하게 생각한다.

💡 수학의 기초를 다지기 위해 무엇부터 하셨나요?

요즘 대부분의 어머니들이 선행학습에 몰두하면서 많은 비용을 학원에 지불하고 스트레스를 받고 있다는 얘기를 들었다. 아무리 선행학습이 대세가 되고 하나의 유행이 되었다 할지라도, 선행학습에 쫓겨 초등학교 시절부터 수학의 기초를 소홀히 하는 것은 분명 문제가 있다. 수학의 기초를 충분히 튼튼하게 쌓지 않은 상황에서 나가는 선행학습은 언제 무너질지 모를 모래성에 불과하다.

준석이가 쓴 《수학을 잘하고 싶어졌습니다》라는 책에 나와 있듯이 수학에 있어서 최고의 선행은 현재 자기 학년의 심화 문제를 푸는 것이다. 문제를 바로 풀 수 없더라도 몇 번이고 생각해보고 그 문제를 완벽하게 이해해서 풀 수 있게 만드는 것이 무엇보다 중요하다. 그런 과정을 거쳐서 수학의 기초를 탄탄하게 다지면 그 다음 학년, 더 나이기 2~3년 위의 선행학습까지 빠르고 쉽게 이루어질 수 있다. 실제로 내 아들인 준석이와 준용이 역시 그랬다.

나는 초등학교 입학 전 수학에서 가장 기초적인 것은 계산이라고 생각해서 계산 문제를 재능수학을 통해 매일 공부시켰다. 일주일에 한 번 교사가 오는데, 하루 3장씩 숙제를 내주었고 아이는 그 숙제를 착실히 수행해 나갔다. 그리고 아이가 문제를 풀면 내가 채점했다.

간혹 틀린 문제가 있을 경우 준석이는 회초리를 들고 와서 스스로 틀린 수만큼 손바닥을 때려 달라고 했다. 갑작스런 행동에 조금 놀랐지만, 한편으로는 공부에 대한 아이의 열의를 느낄 수 있었다. 사실 어쩌다 틀린 문제도 준석이가 몰라서 그런 게 아니라 빨리 문제를 풀고 친구들과 놀고 싶어서 서두르다가 실수했다는 걸 잘 알고 있었다. 하지만 이유가 어찌 되었든 문제를 틀린 것은 사실이고, 아이 스스로 이를 감내하겠다고 하니 요구에 따라 틀린 문제가 생기면 적절한 선에서 체벌하곤 했다.

🎓 학습지를 활용한 선행학습의 중요성을 깨달았어요!

　재능수학을 처음 마주했을 때가 아마 대여섯 살 정도였던 것 같다. 그냥 어머니가 매일 일정 분량을 해야 자유롭게 나가 놀 시간을 준다고 하셔서 억지로 책상에 앉아 문제를 풀기 시작했다.

　처음부터 재능수학의 여러 계산 문제들에 막 흥미를 느낄 정도로 천재였거나, 수학에 대해 호기심이 왕성했던 것은 절대 아니었다. 단지 어머니의 말을 잘 듣고, 어머니가 시키는 것들은 최대한 완수하려는 의지가 강한 말 잘 듣는 아이였을 뿐이다. 어린 나이였으니 밖에 나가서 친구들과 뛰어 놀거나 TV를 보고 게임을 하고 싶은 마음도 강했지만, 어머니가 매일 정해주신 재능수학의 공부량을 성실히 하고 나서 놀았다. 그런 시간이 하루하루, 한 달 한 달, 한 해 한 해 쌓이면서 어느 순간부터 나 스스로도 수학 문제를 푸는 것에 쾌감을 느끼고 실력이 조금씩 늘면서 일종의 성취감도 생겼던 걸로 기억한다.

　이러한 학습지 교육은 나이와 실력에 따라 단계적으로 공부량이나 난이도를 정해주는 좋은 공부법이라고 본다. 단계가 여러 개로 나뉘어져 있고 단계와 단계 사이의 연결도 꽤 유기적이어서, 수학에 대해 재능이 없거나 기초가 없는 사람도 자기에게 맞는 것부터 성실하게 매일 풀기만 하면 자기도 모르게 어느 정도의 수학 실력을 쌓을 수 있다.

　또한, 등급이 올라가면 어느 정도의 심화문제까지 진행할 수 있는데, 그 과정이 굉장히 체계적이고 문제에 대한 설명도 자세하게 잘 되어 있다. 그래서 초기에는 학습지 선생님이나 어머니의 도움을 받았지만, 어느 순간부터는 혼자서도 충분히 진도를 나가기에 어려움이 없었다. 물론 그 학년의 극상위권으로 가기 위해서는 조금 부족함이 있지만, 그 학년에서 수학 상위권 정도의 실력을 가지기에는 학습지를 통한 공부만으로도 충분하다는 얘기다.

무엇보다 어려운 수학 문제에 대해 거부감을 가지는 학생들이 매일 조금만 인내심을 가지고 책상에 앉아 있으면 풀 수 있을 정도의 양으로 나눠서 학생 스스로 그 문제를 모두 풀었다는 성취감을 느끼게 해줄 수 있다는 데에서 높은 점수를 주고 싶다. 아무리 수학적 재능이나 의지가 있다고 하더라도, 방대한 양이나 난이도 앞에서 지레 겁을 먹고 수학을 포기하는 학생들도 많기 때문이다.

가끔은 숲을 보기 전에 눈앞의 나무부터 보고 나무 하나하나부터 정복하는 과정이 필요할 때도 있다. 수학이라는 숲을 정복하는 일 역시 마찬가지라고 생각한다. 그렇기 때문에 본인이 그동안 수학을 소홀히 하거나 한때 수포자였다 해도 수학의 기초 실력이나 내공이 없다고 느끼는 학생들은 괜히 어렵고 방대한 유명 자습서를 보기 전에 재능수학이나 구몬수학 같은 학습지를 매일매일 적은 양이라도 확실하게 꾸준히 익혀볼 필요가 있다. 그리고 그러한 공부법은 과거의 나처럼 분명 꽤 효과가 있을 것이다.

어릴 때 친정어머니께서 나무 상자에 든 수십 권짜리 전집을 사주셨는데, 내가 굉장히 좋아했던 기억이 있다. 책이 그저 공부의 수단이라 생각하는 사람도 있겠지만 나는 책이 모든 것의 기본이라 생각한다. 그래서 아이들에게 책을 열심히 읽혀야겠다고 다짐하고는 한글을 알기 전에 많이 읽어주었다. 주로 잠자리에서 그림책을 읽어주었다. 그랬더니 아이들이 자연스럽게 책을 좋아하게 되었고, 한글을 익힌 후에는 혼자서도 책을 읽게 되었다.

아이들이 조금 더 큰 뒤에는 체계적으로 책을 읽을 수 있도록 좋은 독서지도 선생님을 찾았다. 3학년이 되었을 때 아동 문학가인 J선생님을 만났는데, 그당시 준석이 나이 정도 되면 잠재력을 끌어내서 글도 잘 쓸 수 있다고 해서 그때부터 지도를 받게 했다. 여럿이 책을 읽고 난 뒤 감상을 공유할 수 있게 그룹 수업을 했는데, 그 당시 아버지가 강남의 호텔 사장이었던 P의 집에서 같이 수업을 진행했다.

J선생님은 독서를 효과적으로 할 수 있도록 단계별 목록을 짜주셨는데, 매주 봐야 할 책이 달랐다. 그 목록에 따라 성실하게 책을 읽었더니 어느 순간 아이가 진짜 책을 좋아하게 됐다.

책 읽기는 모든 공부의 기본이다. 굳이 국어 과목이 아니더라도, 심지어 숫자로 이루어진 수학 문제조차도 그렇다. 모든 과목의 기본은 한글로 된 문제를 읽고 뜻을 이해하는 것에서부터 시작하기 때문이다.

어느 유명한 대치동 영어 강사가 영어 공부도 국어를 통해 길러진 언어적 감각이나 독해력 등이 받쳐주면 국어 능력이 없는 아이보다 더 빠르게 학습할 수 있다고 말했다. 그 말을 곱씹으며 준석이에게도 어렸을 때부터 반강제적으로 책을 많이 읽힌 거였다. 결론적으로 그렇게 기른 국어 능력이 여러모로 큰 도움이 되고 있어 독서를 시키기 잘했다는 생각이 든다.

🎓 위인전을 많이 봤지만 만화책을 더 좋아했어요

초등학교 입학이 얼마 남지 않았을 때 친할머니가 낱말 카드를 가져와서 한글을 가르쳐주셨다. 사과 그림이 그려져 있으면 그 뒤에 한글로 '사과'라는 글자가 적혀 있어서 그걸 보고 한글을 배웠다.

한글을 조금 늦게 배운 편이지만, 그렇다고 해서 초등학교에 들어가 공부를 하거나 진도를 따라가는 데 부족함을 느끼지는 않았다. 초등학교 입학 이후부터 국어 공부를 해도 제대로 공부하고 따라간다면, 굳이 무리해서 한글이나 영어를 다섯 살도 안 된 나이부터 익힐 필요는 없다고 생각한다.

사실 어머니 말씀과 달리 어렸을 때 어머니가 책을 읽어주신 기억이 없지만 집에 책은 늘 많았던 기억은 있다. 어머니는 나를 위해서 이런저런 책을 많이 사서 집에 두고 시간이 날 때마다 읽어보라고 하셨다. 특히 어머니가 사주신 위인전 같은 책이 집에 많았는데, 처음에는 그것들을 억지로 읽다가 나중에는 재미있어서 한 권, 한 권 열심히 읽었던 기억이 난다.

어릴 때를 곰곰이 떠올려보면 처음부터 책 읽는 것을 좋아하지는 않았던 것 같다. 사실 나는 책 읽는 것보다는 만화 영화를 보거나 만화책을 읽는 걸 더 좋아했다. 다른 책들은 교과서나 자습서만 열심히 보고 익혔더랬다. 그러다가 초등학교 3학년 무렵 어머니가 초등학교 친구들이랑 국어 과외로 시켜주신 J선생님 수업 때부터 5년간 많은 책을 읽고 글을 쓰면서 국어 실력이 꽤 발전했다.

국어 공부 외에 별도의 글쓰기 수업을 시켰나요?

앞서 말했듯이 우리 아이가 초등 2학년 때 우연한 기회로 아동 문학가 J씨가 글짓기 교육으로 유명하다는 걸 알게 되었다. 지인이 스치듯 한 얘기였지만 귀담아 들었다가 아이에게 필요하다 싶어 수업을 받게 했다.

선생님께 연락하니 다섯 명 정도 그룹을 짜오라고 해서 경복초등학교 같은 반 친구들을 모아 그룹을 짰다. 일주일에 한 번 수업을 했는데, 한 번은 시, 한 번은 논술, 그리고 간단한 단어를 넣어 글짓기를 하는 방식이었다.

중학교 1학년 때까지 하면서 일주일에 책 한 권을, 방학 때는 두 권을 읽었다. 수업 덕분에 책을 많이 읽게 된 것도 좋았지만 글쓰기를 배운 것이 큰 도움이 되어서 더욱 만족스러웠다. 대학이든 일반 직장이든 간단한 리포트 같은 것이라도 써야 할 일이 많을 거라 생각했기 때문에 글쓰기는 반드시 익혀야 한다. 너무 어리면 글쓰기가 힘들다는 선생님의 조언에 따라 3학년부터 수업을 진행했다.

요즘은 영어 유치원이다, 수학 선행학습 의대 대비반이다 해서 어린 아이에게는 힘든 영어와 수학 공부를 일찍부터 시킨다는 걸 잘 알고 있다. 하지만 한편으로는 상대적으로 국어 공부에 소홀하다는 생각도 들었다. 앞에서도 말했지만, 수학과 영어도 결국은 국어를 통해 배우는 것이다. 수학이든 영어든 문제를 풀고 답을 내는 과정은 책을 읽고 글을 쓰는 과정의 연장선에 있다는 것을 요즘 부모님들과 학생들이 꼭 알았으면 좋겠다.

준석이의 경우도 가장 먼저 과외를 하기 시작한 과목은 이 J선생님을 통한 국어 과외였다. 이때 준석이가 읽었던 여러 고전소설, 현대소설, 그리고 시와 원고지에 한 글자 한 글자 써내려갔던 여러 종류의 글들이, 초등학교 3학년 이후 준석이의 공부에 큰 도움이 되었다. 국어는 우리말인데 굳이 읽기와 쓰기 능력을 학원에 다니거나 과외를 하면서 공부해야 하느냐고 생각하는 부모님들이 계시다면 그 생각을 바꾸시길 바란다. 영어와 수학 못지않게 중요한 국어 공부, 특히 읽기와 글쓰기 공부에 많은 시간을 투자했으면 좋겠다.

🎓 이과 출신이지만 국어를 잘하는 비결이죠

J선생님 수업을 통해 초등학생이 하기에는 너무 어려운 정지용이나 김소월의 시, 그리고 이광수의 《무정》과 《유정》, 셰익스

피어 4대 비극 같은 작품을 읽었다. 수업이었기 때문에 억지로라도 내용을 정리하고 그에 대한 독후감 등을 쓰고 토론했던 것이 그 후 국어 실력에 아주 긍정적으로 작용했던 것 같다.

그래서일까? 중·고등학교 때도 수학, 과학 공부를 주로 하고 국어는 거의 공부를 하지 않았다. 그럼에도 불구하고 수학만큼 압도적인 상위권은 아니어도 국어 과목에서 상위권의 실력이 유지되었다. 그럴 수 있었던 건 다 J선생님 밑에서 교육받았기 때문이다. 또한, 어머니의 혜안 덕분이라고 생각한다. 어떻게 보면 어머니가 J선생님에 대한 얘기를 무시하지 않고 귀담아들어서 기억해둔 것도 대단한 일이고, 그 수업이 가능하게 다섯 명을 모은 것도 대단하다는 생각이 든다.

어머니는 다섯 명을 모았다고 쉽게 얘기하셨지만, 사실 말처럼 쉬운 일은 아니었을 것이다. 그 다섯 명의 멤버들 중에는 현재 이름만 말하면 다 아는 대기업의 CEO인 H도 있었고, 영동대교 남단에 있는 어느 호텔 주인의 아들인 P라는 애도 있었다. 그래서 글짓기 과외를 그 집에서 주로 했었다.

그 당시에 그 아이 집은 요즘으로 치면 강남의 고급 빌라 수준이었다. '얘네 집은 무슨 궁궐 같네. 집안에 잔디밭도 있고, 무슨 샹들리에가 있고, 호텔 같다' 이렇게 생각했던 기억이 어렴풋이 난다. 아마 당시에 이런 애들과 함께 수업할 수 있었던 주된 이유는 어떻게 보면 어머니의 엄청난 수완 덕분이라고 생각한다.

왜 사립초등학교를 선택하셨나요?

아이를 사립초등학교를 보낸 건 어린 시절이 무척이나 중요하다는 생각이 들어서였다. 이렇게 나이를 먹어 며칠 전 기억도 잘 안 나는 와중에도 희한하게 어렸을 때 일은 아직도 생생하게 떠오른다. 어릴 때 기억이 이리 오래 남는다면 모든 생활 습관, 공부 습관을 익히기 시작하는 초등학교 때 제대로 좋은 교육을 받으면 그 효과가 오래가지 않을까 생각했나. 그래서 아이를 좋은 초등학교에 보내고 싶어 사립초등학교를 선택한 것이다.

다행히도 우리가 사는 명일동에서 가까운 곳에 사립초등학교가 하나 있었다. 그 당시 남편은 태백에서 공중보건의 생활을 3년간 하고 있었다. 자식은 부모 밑에서 크는 게 제일 큰 교육이라 생각했는데, 초등학교를 좋은 데 보내고 싶은 마음에 남편만 태백에서 지내게 하고 아들 둘과 서울로 올라왔다.

그런데 이게 무슨 일인지 지원했던 경복초등학교 추첨에서 떨어졌다. 예상치 못한 상황에 어찌할 바를 모르고 있을 때 준석이가 "엄마, 나 이 학교에 못 오는 거야?"라고 말해 가슴이 아팠다. 이 상황을 알게 된 시아버님이 준석이를 경복초등학교에 보결로 넣어주셨다. 준석이에 대한 마음이 각별하여 아이를 옆에 두고 싶어 하신 데다가, 첫손자인 만큼 반드시 도움을 주고 싶으시다고 애를 써주신 덕분이었다.

그렇게 우여곡절 끝에 들어간 경복초등학교는 1학년 때부터 방과후 과외활동으로 학생들이 무조건 악기를 하나씩 배우게 했다. 아이가 어떤 것에 흥미를 느끼고 뭐가 적성에 맞는지 모르니, 그런 능력들이 막 싹

트는 시기인 초등학교 1학년 때 최대한 많은 배움의 기회를 가지게 하는 시스템이 잘 되어 있어 마음에 들었다.

악기뿐만 아니라 구연동화 발표회 같은 것도 있었고, 영어 말하기 대회도 있었고, 경필 대회, 만들기 대회, 한문 대회 등도 있었다. 대회에 입상하면 예쁜 상장을 줘서 그 상장을 받기 위해 준석이 같이 욕심 있는 아이들은 어떤 종목이건 도전하고 열심히 하게 만들었다.

게다가 경복초등학교에서는 악기를 열심히 연습해서 실력을 쌓으면 2년에 한 번씩 학예회를 하는데, 그 학예회를 리틀엔젤스예술회관(현 유니버설아트센터)에서 하게 했다. 그곳은 프로 무용수들이 공연하고 프로 음악가들이 연주하는 공간인데, 좋은 지휘자 선생님, 반주자 선생님과 함께 오케스트라를 만들어 연습을 시켜서 공연할 수 있었다.

당시에 일반 초등학교를 다니는 학생들은 그런 분야를 경험하고 싶다면 학원을 다니거나 과외를 받지 않으면 아예 접하는 것도 힘들었다. 사립초등학교는 한 아이의 흥미와 적성을 발견하고, 개발해주는 그런 커리큘럼들이 교육 시스템으로 너무 잘 되어 있었다.

부모가 여력이 되고 아이만 잘 따라준다면 꼭 국어, 영어, 수학 같은 내신과 수능에 직결되는 과목만 가르칠 필요는 없다. 운동, 미술, 음악 같은 과목들도 최대한 조기 교육을 시켜보고 경험하게 해주는 게 좋다. 그런 의미에서 사립초등학교는 아이 교육에 있어서 최적의 장소였다.

여러 가지 경험을 시켜보다가 아이가 그 과목에 재능이 있고 흥미를 느낀다면 계속해서 진행하면 되고, 그 과목에 재능이 없고 흥미를 느끼지 않는다면 좋은 경험을 했다고 생각하며 그만두면 된다. 짧게라도 그 분야에 대해 경험을 해보고 열심히 해보는 것이 후에 아이가 공부를 하

든지 어떤 진로로 나가든지 간에 알게 모르게 도움이 되고 자산이 된다
는 게 준석이의 교육 경험을 통해 내가 내린 결론이다.

🎓 사립초등학교에서 많은 경험을 쌓았어요

사립초등학교는 장점이 많았다. 80~90년대에 학교를 다녔지
만, 다른 일반 초등학교와 달리 글씨 예쁘게 쓰기, 구연동화하
기, 발표하기, 영어, 한문, 수영, 스케이트, 스키 등 정말 다양한
종목의 대회가 있었다. 거기서 일정 수준 이상의 성과를 내면 예
쁜 상장을 줘서 어린 초등학생임에도 여러 다양한 분야의 능력
을 기르고 싶다는 동기 부여와 자극이 되었었다.

어린 시절에는 그저 예쁜 상장을 받기 위해서, 친구들 앞에서
칭찬을 받고 싶은 마음에, 여러 대회에 열심히 참여하고 능력을
길렀었다. 그런데 지나고 보니 그게 어린 시절 다양한 분야에서
다양한 능력을 기르는 데 많은 도움이 되었던 것 같다.

중·고등학교 시절에 공부를 하면서도 초등학교 시절의 경
험이 좋은 내신 성적을 받는 데에 은근히 큰 도움이 되었다. 또
고등학교, 대학교 입시를 치르는 데에도 알게 모르게 영향을 미
쳤던 것 같다. 심지어 대학교 입학 후 성인이 되고 나서도, 초등
학교 시절에 배운 수영, 스케이트, 스키 등의 운동 능력은 사회
생활을 하거나 건강을 유지하는 데에도 계속해서 큰 도움이 되
었고 말이다.

초등학교 때부터 자녀가 종합적으로 다양한 경험을 하고 다양한 능력을 쌓기를 원하는 부모라면 사립초등학교를 보내는 것도 괜찮다고 생각한다. 아무래도 어린 시절의 경험은 그 아이의 인생에 큰 밑거름이 되기 때문이다. 나의 경험으로 비추어 봐도 초등학교 시절 1년간의 배움은 스무 살 이후의 3~4년에 버금갈 정도로 그 사람의 인생에 두고두고 중요한 영향을 미치는 것 같다.

그렇기 때문에 초등학교에 들어가기 전부터 영어유치원을 보내는 등 조기 교육에 관심이 많고 열정적인 요즘 젊은 부모님이라면 오히려 여러 경험을 종합적으로, 거부감 없이 시켜주는 사립초등학교 입학을 한 번 정도는 고려해보는 것이 좋다.

초등학교에서 가장 기본이 되는 공부는 무엇인가요?

입학 전에는 글을 바르고 예쁘게 쓰는 법을 알려주고 보냈다. 친정어머니께서도 내가 어릴 때 글자쓰기 공부를 미리 시킨 뒤 학교에 입학시키셨는데, 그때 기억을 되살리며 우리 아이에게도 똑같이 가르친 것이다. 공부를 막 시작한 학생이라면 글자를 바르게 쓰는 것이 기본이라 생각했기 때문이다.

사람을 처음 만나면 얼굴을 보듯이 그 사람의 소양은 글씨에 나타난다. 마치 글씨가 얼굴 같다고 생각해서 열심히 시켰다. 게다가 경복초등학교에서는 경필대회도 있었다. 열심히 글쓰기 연습을 시킨 덕분인지 거기에서 준석이가 금상을 탔다.

요즘은 손으로 글씨를 쓸 일이 별로 없지만, 적어도 초등학교 저학년 시절에는 아이에게 예쁜 손글씨 쓰는 연습을 최대한 많이 시키는 게 좋다. 결국 수학을 포함해 모든 문제는 객관식 문제라도 손으로 글씨를 써서 문제를 풀어 답을 내야 하기 때문이다.

어려서 손글씨를 잘 쓰는 연습을 하면, 나중에 중·고등학교 들어갔을 때 알게 모르게 큰 도움이 된다. 특히나 요즘처럼 초등학교 입학 전부터 스마트폰과 컴퓨터를 사용하는 시대일수록 손글씨의 중요성은 오히려 더 높아졌다고 생각한다. 어렸을 때 직접 손으로 최대한 예쁘게 글씨를 쓰고 필기하는 습관을 기르는 것이 나중에 아이가 공부를 할 때 긍정적으로 작용할 수 있다.

🎓 손글씨 연습이 의대 가서도 도움이 되더라고요

요즘은 글씨를 예쁘게 쓸 필요가 없는 시대가 되었지만, 여전히 손글씨를 예쁘게 쓰는 연습이 필요하다. 개인적으로는 초등학교 1~2학년 때 원고지 같은 곳에 글을 직접 써봐야 작문 실력이나 국어 실력도 늘어난다고 생각한다. 그것을 바탕으로 다른 과목의 공부도 잘 해나갈 수 있을 테니 말이다.

실제로 어렸을 때 어머니의 글씨체가 상당히 예쁘다고 생각했던 적이 많았다. 내가 어릴 때는 요즘 같은 모바일 시대가 아니라서 가정통신문이나 성적표에 어머니의 사인을 직접 받아가야 했다. 몇 자 안 되는 글과 사인이지만 다른 아이들 어머니 글씨체보다 어머니의 글씨체와 사인이 유독 고급지게 예뻐서 왠지 뿌듯했던 기억이 난다. 그런데 그런 어머니의 글씨체가 외할머니의 훈련 덕분이었다는 것을 이번 기회에 처음 알게 되었다.

글씨 쓰기 교육은 사립초등학교 장점 중의 하나였다. 80~90년대에 학교를 다녔지만, 다른 일반 초등학교와 달리 글씨 예쁘게 쓰기 대회를 개최하여 상도 주었다. 또한 의대와 치대를 다닐 때 단시간에 많은 양의 수업을 들으면서 책에 중요한 강의 내용을 빠르게 필기해야 되는 경우가 많았다. 또 주관식 시험도 긴 서술형인 경우도 많았는데, 이때도 오랜 시간이 지났지만 어렸을 때 어머니가 나에게 훈련시켰던 손글씨라든지 초등학교 시절 요즘은 거의 쓰지 않는 원고지에 J선생님의 지도하에 글을 썼던 경험이 큰 도움이 되었다.

요즘은 펜이나 샤프로 손글씨를 쓰는 사람이 거의 없지만, 객관식 시험이든 주관식 시험이든 결국 그 답을 내기까지의 과정은 시험지에 손으로 직접 간략하게라도 글씨를 써야 하기 때문에, 어린 시절에 손글씨 연습을 하는 것은 꽤 중요하다고 생각한다. 나 역시도 그랬으니 말이다.

교육 관련 정보는 어떻게 수집하고 활용하셨나요?

경복초등학교에 처음에는 육성회가 있었으나, 몇 년 후에 엄마들이 치맛바람을 일으킨다고 육성회를 없앴다. 대신에 엄마들끼리 참여하는 어머니 합창단이 있어서 그 활동을 하며 다른 엄마들과 어울렸다.

그중에 준석이와 같은 반 아이인 H의 엄마는 검사 부인인데, 검사 선배들 모임에서 얻은 정보를 잘 알려줬다. 대치동 동아학원이 좋다고 알려준 것도 그 엄마였다.

우리 준석이도 H가 다니는 좋은 학원에 보내고 싶어서 대치동에 있는 모든 학원을 수소문하기 시작했다. 하지만 나 혼자 그 수많은 학원에서 하나를 찾아내기란 무척 어려운 일이었다. 당시에는 요즘처럼 인터넷이라는 게 없을 때라 대치동에 가서 직접 학원을 찾아보고, 전화번호부 연락처를 훑어보는 게 전부였기 때문이었다.

어쩔 수 없이 다시 H엄마한테 자세히 물어볼까 했지만, 그 당시에는 이미 준석이가 학교에서 공부를 제일 잘하고 1등을 하고 있을 때였기에 섣불리 그럴 수가 없었다. 만약 내가 H엄마에게 학원이 어디인지 물어보면 이미 잘하는 애를 뭐 하러 우리 애 공부하는 데까지 데려와서 공부를 시키려 하느냐는 말을 할 것 같았기 때문이었다. 그런 싫은 소리를 듣느니 내가 알아서 하자는 생각에 스스로 학원을 계속해서 찾았다. 그리고 마침내 대치동 동아학원을 찾아서 준석이를 데려갔었다. 그 애들보다 몇 년 늦은 5학년 때였다.

그렇게 들어간 학원은 전국에서 공부 잘하는 애들이 전부 모여 있었다. 그러던 중에 준석이가 6학년이 되었을 때 학원에서 《실력 수학의 정석》을 풀게 할 테니 그룹으로 열 명을 짜오라고 했다. 그래서 동네 엄마들에게 정보를 다 주고 함께할 수 있는지 의사를 물었다. 학원에서 진행하는 특별 수업이었지만 엄마들에게 일부러 감추지는 않았다. 글짓기 수업도 마찬가지였다. 실제로 K생명 회장 집안의 엄마가 내게 수학이고 글짓기고 잘 물어봤었다. 그러면 내가 아는 선에서 다 알려줬다. 나는 많은 사람에게 정보를 공개하면 더 좋은 친구들을 모을 수 있다고 생각했다. 정보를 감출 필요는 없고 내가 아는 것을 다 알려줘도 같이 할 사람은 같이 하고 못할 사람은 못한다고 여겼기 때문이다.

그랬더니 그 동아학원 원장선생님이 한 번씩 엄마들한테 내 얘기를 한다고 들었다. 내가 다른 학생들을 많이 데리고 오고 소개도 해준다고, 요새 엄마들은 절대로 정보를 공유하지 않는데 다르다며 칭찬을 했다는 말에 조금 의아하긴 했다. 나는 그저 다 같이 열심히 공부했으면 좋겠다고 생각했을 뿐인데 말이다.

하지만 앞에서 말했듯이 그렇게 정보를 공유한다고 해서 모두가 공부를 잘 하는 건 아니었다. 그중에서는 공부를 잘 따라가는 아이도 있고 중간에 빠져나가는 경우도 생겼다. 공부를 잘했던 한영고 친구 K가 특히 그랬다. 분야가 좀 달라져서 그랬는지, 아니면 수학 실력이 조금씩 떨어져서 그랬는지는 모르지만 다른 친구인 S도 과학전문학원으로 빠졌다. 어쨌든 《실력 수학의 정석》은 따라올 수 있는 애들을 위주로 실력이 되는 친구들을 모아 그룹을 만들었다.

그 이후로도 학원 수업이나 과외에서 그룹을 모아야 할 때 되도록 마음이 통하고 열의가 있는 엄마들과 함께했다. 엄마들끼리도 잘 맞았지만 아무래도 준석이가 잘하니까 엄마들이 관심을 두고 지켜보다가 기회가 되면 같이 그룹으로 묶곤 했던 것 같다.

우리 집도 경제적으로 부족한 집은 아니었으나 사립초등학교라 부유하고 대단한 집안이 많았다. 그런 대단한 집 엄마들도 내 얘기를 들어주고, 나랑 같이 학원을 옮기고 과외를 하고 싶어 했다. 그건 경제력과 상관없이 준석이가 계속 1등을 하고 언제나 열심히 했기 때문이라 생각한다. 이런 점 때문에 팀을 짜고 과외를 하는 과정이 비교적 수월했던 것 같다.

🎓 숨김없이 정보를 나누는 어머니 멋져요

정보를 나눈다는 건 굉장히 진보적이고 멋진 생각인 것 같다. 사실 내가 가진 정보를 타인에게 다 알려준다고 해도 이를 따라오지 못하는 사람이 대부분이다. 어머니는 이를 일찍이 알고 계셨던 모양이다.

나 또한 어렸을 때는 좋은 학원이나 선생님, 문제집에 대한 정보는 경쟁자들에게 최대한 숨기려고 했다. 아마 대부분의 사람들, 특히 학부모들이 그럴 것이다. 그러나 어머니는 그러지 않으셨다. 이는 많은 경쟁자 속에서 본인 자식만 최적의 교육을 받게 하려는 학부모들에게 뭔가 시사하는 바가 분명 있으리라 생각한다.

어머니가 나를 동아학원에 이토록 어렵게 데려갔다는 것 또한 처음 알았다. 위치와 연락처를 알자마자 바로 학원에 등록한 것으로 기억했는데 말이다. 역시 어머니의 노력이 대단했다는 걸 다시 한 번 깨닫게 된다.

물론 그 학원에서 빠르게 잘 적응한 내 역할도 분명 있었겠지만, 어머니의 이러한 적극적인 노력이 없었다면 나도 초등학교 5학년 때부터 중학교 3학년 때까지 5년이라는 긴 시간 동안 학원을 다니면서 많은 걸 얻을 수 없었을 것이다.

요즘은 인터넷 검색만으로도 유명한 학원이나 과외 선생님을 쉽게 알 수 있다. 그렇기 때문에 자녀가 공부를 잘하길 바라는 교육열이 높은 학부모라면 조금의 성의만 있어도 우리 아이에게 가장 적합한 학원이나 선생님이 누구인지를 쉽게 찾을 수 있을 것이다. 아예 학생의 현재 실력을 냉정하게 테스트해서 지망하는 고등학교나 대학교에 따라 적합한 학원이나 선생님, 그리고 입시 전략을 세워주는 컨설팅 업체들도 있는 걸로 알고 있다. 나의 서울과학고 신배이자 〈공부가 미니?〉라는 프로그램에 같이 나왔던 분도 그런 컨설팅 업체를 운영 중이고 말이다.

그러므로 이 책을 읽는 자녀 교육에 관심이 많은 학부모님들은 훨씬 더 나은 시대에 살고 계시기 때문에, 능동적으로 우리 어머니처럼 자녀에게 가장 잘 맞는 적합한 교육 방식을 선택해서 적용해보시기 바란다. 공부를 하는 것은 학생 자신이지만, 어떠한 학원에 가서 어떠한 선생님으로부터 어떠한 강의를 들을 것인지 선택하는 것은 부모님, 특히나 어머니의 몫이다. 그것이 나의 경우처럼 학생의 공부 인생에 큰 영향력을 미칠 수 있다.

어머니의 말처럼 나도 그렇게 수학에 재능이 많은 천재형 학생이 아니었기 때문에 동아학원에 가지 않았더라면 중학교, 고등학교 내내 수학을 잘할 정도로 뛰어난 실력을 기르지 못했을 것이다. 그리고 그러한 수학 실력을 갖기까지 시간도 엄청 오래 걸렸을 것이고 말이다.

대치동 학원 수업은 어떤 식으로 진행되었나요?

그 당시 대치동 학원 스케줄은 지금 돌이켜봐도 정말 대단했다. 특히 초등학교 때는 학교에서 방과 후에 악기 수업을 들어야 해서 끝나고 학원에 가는 게 정말 빠듯했다. 그래서 간식을 미리 준비해 차에서 아이들에게 먹인 뒤 미친 듯이 달려 겨우 학원 시간에 맞추곤 했었다.

중·고등학교 때는 더욱더 심했다. 학교 수업을 마치고 집에 오면 5시쯤 되었는데, 바로 세수하고 미리 준비해둔 저녁을 먹인 후에 5시 30분쯤 아이들을 태워서 대치동으로 출발했다. 그런데 하필이면 그때쯤이 퇴근 시간이라 강동구 고덕동에서 강남구 대치동까지는 길이 정말 많이 막혔다. 그래서 학원까지 가는데 최소 30~40분 정도가 걸렸던 것으로 기억한다.

그렇게 열심히 달려 학원에 도착하면 준석이와 준용이는 각자 다른 반에 가서 주로 수학 수업을(가끔 영어와 과학 등을 같이 들을 때도 있었지만) 4~5시간 정도 거의 11시까지 수업을 들었다. 이 과정을 학기 중에는 보통 일주일에 3회 정도, 월·수·금 또는 화·목·토 중 1개의 스케줄로 진행했다.

그때는 요즘처럼 오후 10시까지만 수업한다는 규정도 없을 때여서 가끔 수업이 길어지거나 하면 12시가 거의 다 돼서 끝날 때도 있었다. 그 사이 나는 학원 근처 카페 같은 데서 애들을 기다리거나 아니면 집에 가서 준석이 아빠 저녁을 차려주고 잠시 쉬다가 학원 수업 끝나는 시간에 맞춰 다시 가서 애들을 픽업해서 집에 가기를 반복했다.

방학에는 학원을 가는 횟수가 더 많아졌다. 심할 때는 월요일부터 일요일까지 일주일 내내 학원에 갈 때도 많았고 적어도 주 5일은 대치동 학원에 데려다주고 데리고 와야 했다. 보통 학원에서는 방학 때 더 많은 강의를 진행하며 진도도 나가고 심화학습도 시켜주기 때문에 방학특강이라는 수업들이 여름방학이든 겨울방학이든 방학만 되면 생겼다.

방학특강은 보통 2개월 내내 진행되는데, 이 2개월이라는 시간이 사실 학기 중의 4개월보다 더 많은 수업을 받게 커리큘럼이 짜여 있었다. 그때는 준식이도 나도 방학 중에는 당연히 그렇게 학원에 가서 열심히 공부해야 실력이 늘고, 경쟁자들을 따라잡고 이길 수 있다고 생각했다.

당시에 준석이가 다녔던 동아학원은 대치동에 있는 내로라하는 학원 중에서도 특히 뛰어난 애들이 오는 제일 유명한 학원이었던 만큼 수업의 양과 질이 엄청났다. 해가 긴 여름에도 해가 뜨기도 전인 6시쯤 준석이를 깨워 7시 수업을 데려다주면, 해가 지고 오후 8, 9시 이후에야 준석이를 데려오는 날도 많았다. 그래서 농담으로 준석이가 자기는 방학인데 해를 보지 못한다고 해 뜨기 전에 학원 강의실에 들어가 해 지고 나면 나온다고 말하기도 했다. 그런 만큼 학원에서 하루 종일 수업을 듣고 자습도 하고 아침, 점심, 저녁도 다 근처 식당이나 편의점에서 해결하면서 열심히 공부했다.

그래서 준석이는 지금도 초중고 내내 살았던 강동구 고덕동의 친구들보다 대치동의 친구들이 더 많다. 사실상 준석이는 초중고 시절 학교 외의 시간을 대치동 학원에 다니고 공부했으니 거의 대치동에서 산 것과 같다. 그러니 길치라서 길을 잘 모르는 준석이도 대치동 지리는 아주 잘 안다.

아이는 하루 종일 대치동에 있다가 수업이 없을 때 친구들이랑 학원 근처 학교 농구장에 농구도 하러 다니고, 대치동 친구 집에 가서 같이 게임도 하곤 했다. 그때는 대치동에 우리 집이 없어서 중간중간 쉬는 시간에 편히 집에 와서 낮잠도 못 자고 식사도 못 하는 준석이가 좀 안쓰러웠다. 그래도 뜻 맞고 같이 공부 잘하는 친구들이랑 친해져서 그 친구들 집에 가서 밥도 얻어먹고 쉬기도 하고 그랬으니 한편으로는 다행이었다. 그때 같이 지냈던 대치동 친구들은 대부분 같이 과학고를 가거나 서울대를 가서 지금도 가끔 준석이랑 연락하고 지내는 걸로 알고 있다.

이렇게 지옥 같은 2개월간의 방학 공부가 끝나면, 준석이 스스로도 실력이 많이 늘어 있는 것 같다고 얘기하고는 했다. 진도를 적어도 1년 이상 선행학습을 시켜두기도 했고 말이다. 그래서 학기 중에는 내신 성적을 열심히 챙기면서, 학원 수업에는 조금은 신경을 덜 쓸 수 있었다. 하지만 방학에 비해서 그렇다는 것이지 중간고사 기말고사를 앞두고 1개월 전부터 학교 내신 공부에 열중하고 그러면 보통 학기 4개월 중 2개월은 역시나 학원 공부에 열중하고는 했다.

아마 말하는 것 이상으로 준석이는 꽤 힘들었을 것이다. 남들은 중간고사·기말고사가 끝나면 1개월 정도는 쉬면서 놀기도 하고 그러는데,

준석이는 죽을 둥 살 둥 공부해서 중간고사·기말고사 전교 1등을 노린다. 그리고 시험이 끝나면 또 수학경시대회 공부를 위해 대치동에서 각 학교 1, 2등인 애들과 모여서 수학, 과학 같은 과목을 심화공부를 하고는 했으니 말이다.

이런 생활을 초등학교 6학년 때부터 중학교 3학년 때까지 4년 동안 하루도 빠짐없이 완벽하게 이루어냈었다. 나랑 애들 아빠도 힘들었지만, 당사자인 준석이가 제일 힘들었을 것이다. 그래서 그런지 준석이는 자기 인생에서 공부를 제일 열심히 치열하게 한 시기가 의대 시절도 아니고, 치대 시절도 아니고, 과학고 시절도 아닌, 중학교 3년간이라고 유튜브에서 얘기했다. 나도 그 얘기에 동의한다. 그 시절의 준석이는 잠자는 시간과 밥 먹는 시간 빼면 하루 종일 공부에만 온 정신을 쏟고 있었다.

따라가기 벅찬 스케줄이었지만, 보람이 있었어요

사실 대치동 학원 스케줄은 어머니의 말대로 꽤나 힘들었다. 방학 때가 특히 버거웠다. 우리끼리는 학교도 안 가는 방학인데, 정작 해를 보기가 힘들고 달만 보다 방학을 다 보내버린다며 농담 식으로 얘기하고는 했다.

하지만 대치동 학원 생활이 그저 힘든 것만은 아니었다. 아니, 오히려 대치동 학원에서 보냈던 시간이 즐거울 때도 많았다. 그곳에서는 혼자 공부를 한다고 안 좋은 시선을 보내거나 공부하는 나에게 시비를 거는 친구들이 없었다. 오히려 다 같이 열심히 공부할 때는 공부하고, 쉬는 시간에는 같이 농구나 게임 등을 하며 서로에게 힘이 되어주고는 했다.

대치동 학원에는 소위 말하는 모범생 아이들만 모여 있어서 그런지 폭력은커녕, 욕설 같은 말도 오고가지 않았다. 또한 공부의 질이 무척이나 높았다. 게다가 양도 많아서 공부하는 게 조금 힘들었지만, 정신적으로는 매우 즐겁게 학원 생활을 할 수 있었다.

대치동 학원에서 나는 비로소 공부를 열심히 잘하는 아이들끼리 모여서 생기는 시너지를 느낄 수 있었다. 이런 경험 때문에 사실, 중학교 1학년 무렵부터 이런 아이들이 반의 친구로 있는 서울과학고에 너무나 가고 싶다…라는 생각이 저절로 강하게 생기기 시작했고 말이다.

 평범한 아이가 영재를 이기는 방법은 무엇이라 생각하세요?

S는 준석이 초등학교 동창으로 어렸을 때부터 백과사전을 읽었다던 친구였다. 아이큐 검사를 했을 때도 기계가 측정을 하지 못해서, 아이큐를 측정하는 회사에서 다시 와서 검사를 다시 해갔다고 하여 유명해졌었다. 이 아이와 준석이를 동아학원에 같이 보냈었다. 같은 학원에 다니면 서로 경쟁심을 가져 준석이한테 자극이 될 것 같았다.

한번은 학원에서 《실력 수학의 정석》을 풀 때 처음에는 준석이가 0점을 받아왔었다. 그럴 때 S는 선행학습을 했기 때문에 80점 이상을 받아서 준석이가 좌절하여 내게 하소연을 했던 기억이 난다. 하지만 결국 준석이는 수학 과목에서 S를 추월했다. 이때 역시 수학이라는 과목은 기초를 튼튼히 쌓는 게 선행학습보다 더 중요하다는 생각을 했다. 꾸준히 열심히 하는 것이, 머리 좋은 것보다 성실한 것이 더 중요하다는 사실을 깨달은 일화였다.

앞에서도 언급했듯이 H는 머리가 좋고 집안도 좋은 친구였다. 집에서 과외를 여러 가지 많이 시켰겠지만, 특히 한문을 일찍 시켰다고 들었다. 학교에서는 3학년 여름방학 끝나고 교내 급수시험을 봤는데, 모두들 H의 성적을 궁금해 했다. 결과는 준석이 성적이 더 좋았다. 시간 내에 천자문의 뜻과 한자를 동시에 써야 했는데, 준석이는 하나도 틀리지 않은 반면 H는 틀린 문제가 있었던 모양이었다. 그래서 그 아이가 많이 당황했다고 들었다. 자기는 공부도 오랫동안 했고 잘했기 때문에 시험을 더 잘 볼 거라 생각했는데, 준석이기 더 잘 봐서 놀란 것 같았다. 뜬소문이겠지만 나중에 준석이 때문에 자존심이 상해서 전학 갔다는 소리를 들었다.

이 책을 보는 학부모님들에게 꼭 하고 싶은 말은 이것이다. 타고난 유전자나 재능, 선행학습도 분명 중요하지만 그것보다 중요한 건 얼마나 기초를 단단하게 쌓고 꾸준히 성실하게 노력하느냐이다.

초등학교 5학년 때부터 준석이를 대치동에 있는 학원에 보냈다. 그 4~5년간 대치동에서 제일 유명한 수학경시학원인 동아학원에서 서울 각 지역, 심지어 지방에서 난다긴다하는 수학 천재, 영재들을 숱하게 봐왔다. 그러면서 내린 결론은 타고난 재능이 가장 중요하다는 수학이라는 과목에서조차 결국 승패를 가르는 요소가 재능이 아니라는 것이다. 오히려 서두르지 않고 기초부터 탄탄하고 심도 있게 공부하는 후천적인 노력이 더 중요하다.

요즘은 수학이라는 과목의 특성상 타고난 재능이나 유전이 강조되고, 또 초등학교 시절부터 선행학습에 매달린다고 준석이를 통해 전해 들었다. 1990년대부터 2000년대 초중반까지 대치동에서 제일 유명했던 동아학원에서조차 선행학습은 순차적으로 수학적 기초나 깊이를 탄탄히 쌓은 후에 이루어졌었다. 다른 학원이나 과외를 통해 미리 선행학습을 하고 온 아이들이 처음에는 높은 성적을 받았지만, 마지막에 좋은 수학 성적과 수상을 통해 과학고에 진학한 아이들은 다 준석이처럼 노력과 성실성이 뒷받침되는 아이들이었다는 사실을 전하고 싶다.

🎓 노력하는 사람을 이길 사람은 없어요

어머니가 이야기를 꺼낸 H는 S그룹의 일원으로 초등학교 동창이다. 지금은 편의점을 소유하고 있는 ○○리테일 CEO로 있다. 3학년 때 한자와 영어를 잘하는 아이로 유명해졌던 친구다.

당시에 어려운 교내 대회였던 한자 외우기 대회에서 그 아이를 누르기 위해 여름방학 내내 매일 하루도 빠지지 않고, 당시로서는 그림처럼 보여서 너무도 생소했던 한자 약 1,000자(실제로 천자문이었던 것 같다)를 외우고 또 외웠던 기억이 난다. 여름방학이 끝나고 2학기 한자 시험에서 그 아이를 보란 듯이 제치고 전교1등을 하니까, H는 자존심이 많이 상한 듯했다.

그 후 3학년이 끝날 때까지 H는 영어든, 중간고사든, 기말고사든 내 성적을 뛰어넘지 못했다. 결국 4학년 때 갑자기 전학을 갔는데, '준석이 때문에 자존심이 상해서 전학을 간 거다' 하는 소문이 한참 돌아다녀서, 속으로 '별걸 다 가지고 전학을 가네'라고 생각했던 기억이 있다.

내가 유튜브에서 늘 유전의 힘도 중요하지만, 그것보다 공부에 더 큰 영향을 미치는 건 후천적 노력이라고 하는 이유가 이런 경험들에서 기인한다. 아버지가 서울대 법대 출신의 검사인 애보다 내가 유전적으로 가정 환경적으로 공부하기 더 좋은 환경일 리는 없을 것이다. 하지만 나는 열 살밖에 안 된 어린 나이에 마치 고3처럼 공부해서 그런 아이를 이기고 또 이겼었다. 아마 이 기억이 어머니의 머릿속에도 자랑스럽게 각인된 것 같고, 나도 가끔 대중매체에서 H가 나오면, 그때의 기억이 떠올라 슬며시 미소 짓고는 한다.

 ## 타고난 재능과 성실함 중에 무엇이 중요할까요?

우리 옆 동네에 살던 S는 앞에서 말했듯 3학년인 누나가 있었다. 그 아이는 누나가 하는 걸 옆에서 보고 배우며 영재 수업을 받고 있었다.

그 애를 보니까 남들보다 2년을 앞서면 어느 대회를 나가든 상을 받을 수 있을 것 같았다. S는 머리가 좋고 박학다식했지만 학교 시험은 백

점을 맞지는 못했다. 게다가 태도가 좋지 않아서 담임선생님이 힘들어했다고도 들었다.

그래서일까? S가 뛰어난 아이이고 잘하는 것이 많은 친구였지만 준석이 경쟁상대로 보진 않았다. 그러니 그룹 수업을 같이 해도 준석이가 위축될 거라는 생각은 전혀 하지 않았다. 그 친구가 경시대회에서 상을 타는 걸 보고 준석이도 노력하면 수학 경시대회에 나가서 상을 탈 수 있을 거라 생각했다. 내 생각대로 우리 아이도 대회에 나가면 상을 받았다. 수학에 재능이 많아서라기보다 평소 두 학년 높은 단계를 풀어서 잘했나고 생각한다. 친구들보다 뛰어난 것이 아니라 시간을 많이 투자하고 열심히 했기 때문이다.

한 번은 이런 일도 있었다. 동아학원에서 6학년 아이들에게 《실력 수학의 정석》을 시키면서 같이 공부할 열 명을 채워오라고 했다. 그래서 어떤 아이들과 함께 해야 할지 생각해보니 S가 할 수 있을 것 같았다.

그 길로 곧장 S의 엄마를 찾아가 동아학원에서 이런 수업을 한다는데 하겠냐고 물었다. 그랬더니 흔쾌히 함께 하겠다고 대답했다. S가 머리가 좋아서 주기율 같은 것을 정말 잘 외웠다. 하지만 그럼에도 불구하고 여전히 준석이가 더 좋은 성적을 냈다. 이는 앞서 말했듯이 타고난 재능보다 성실함과 꾸준함이 더 중요하다는 증거다.

🎓 과도한 선행학습은 필요없어요

어머니의 얘기처럼 나도 내가 수학에 재능이 많다고는 생각하지 않는다. 그냥 오랜 시간 공부를 열심히 해서 잘하는 것이라고 생각한다.

하지만 그 말이 과도하게 선행학습을 하라는 뜻은 아니다. 어머니의 말씀처럼 수학 선행학습은 아무리 길게 봐도 2년 정도면 충분하다. 요즘에는 초등학교 4~6학년 동안 중학교 3년, 고등학교 3년까지의 과정을 다 미리 배워야 의대에 진학할 수 있다는 말이 유행처럼 번지고, 그런 과도한 선행을 하는 학원이 대치동에서 인기라고 한다. 하지만 나뿐만 아니라 내 주위에 공부를 잘했던 동기, 선후배들, 그리고 현재 대치동 현장에서 유명 수학강사로 활동 중인 지인들은 열이면 열 다 이러한 과도한 선행학습의 흐름에 반대한다.

수학이라는 과목이야말로 선행학습을 할 시간에 차라리 현재 학년의 심화 문제를 풀고 수학적 사고력을 기르는 것이 훨씬 더 실력 향상에 도움이 되는 과목이라는 점을 알았으면 좋겠다. 동아학원 시절 나 역시 2~3년 이상의 선행학습을 한 것이 사실이지만, 그러한 선행학습도 학원 선생님의 판단 하에 나를 포함해 내가 속한 반의 아이들이 선행학습을 할 만한 수학적 실력이 충분히 있고, 이전 단계 내용에 대한 심화학습이 충분히 이루어졌다는 전제하에 이루어졌던 것이다. 현재 학년의 내용도 제대로 깊이 있게 알지 못한 채, 수박 겉핥기식으로 이루어지는 선행학습은 오히려 학생의 수학 실력 향상을 가로막는 쪽으로 작용한다는 것을 꼭 알았으면 한다.

시간이 많이 지났다고는 하지만 공부의 왕도는 몇 십 년이 지나도 늘 같고, 수학은 특히나 그런 과목이라는 점을 알아야 한다. 수학 선행학습의 시간은 아무리 길게 봐줘도 2년 정도가 적당한 것 같고, 사실 2년 정도의 선행학습을 하면서 그 내용을 심화해서 완벽하게 소화하다 보면, 그 이상의 선행학습을 할 여력이 없었던 것 같다. 3년 이상의 선행학습을 할 필요도 없었지만 말이다.

서준석 원장의 초등학교 생활은 어땠나요?

1학년 때 준석이는 학습 진도가 무척 빠른 편이었다. 그러다 보니 본인 문제를 다 풀고 다른 친구를 가르쳐준다고 할 정도였다. 그러면 선생님이 얼른 다른 문제를 주셨다고 했다. 게다가 또래에 비해 덩치도 컸던 터라 그 당시 1학년 담임선생님이었던 김화영 선생님이 단체 청소를 할 때면 준석이에게 힘을 써야만 하는 대걸레 청소를 맡기곤 하셨다.

우리 애들이 어렸을 때 또래에 비해 키도 덩치도 큰 편이었다. 그래서 초등학교에 들어가서 누군가에게 왕따를 당한다거나 주눅이 드는 경우가 거의 없었다. 특히 준석이는 덩치도 큰 데다가 공부도 잘하고 친구들이랑 잘 어울려 반 아이들 사이에서도 인기가 높은 편이었다. 그래서 준석이는 초등학교 시절 내내 즐겁게 학교생활을 했었다.

하지만 한편으로 부족한 면도 분명 있었다. 아직 어려 남에 대한 배려심이 없었던 것이다. 그러나 준석이 1학년 담임이었던 김화영 선생님이나 3학년 담임이었던 박혜경 선생님 등 초등학교 저학년 시절에 좋은 선생님들을 만나 올바르게 성장할 수 있었다. 사립초등학교에 근무하는 경험 많은 선생님들 특유의 세심한 관리가 아이 성장에 확실히 좋은 영향을 미친 것 같다.

그러고 보니 생각나는 일화가 있다. 1학년 담임이었던 김화영 선생님으로부터 들은 이야기다. 초등학교 입학하고 얼마 안 되었을 때였다. 준석이는 어릴 때부터 보리차같이 뜨거운 물을 마시는 것을 싫어했다. 얼음이 들어간 아주 시원한 물을 좋아했는데, 80년대 당시 학교에는 정수기를 찾아볼 수 없었다. 대신 매일 아침 당번이 큰 주전자에 뜨거운 보리차를 교무실에 가서 가득 담아 오면 자기가 마실 컵에 따라서 마시는 시스템이었다.

근데 준석이가 혼자 보리차를 마시러 가더니 금속용 컵 12개에 모두 보리차를 담아두었던 모양이다. 김화영 선생님이 다른 학생에게 듣고 놀라서 누가 이렇게 했냐고 야단을 치려고 묻자 준석이가 아무렇지 않은 표정으로 손을 들면서 미리 저렇게 해놔야 친구들도 뜨겁지 않게 식은 보리차를 먹을 수 있지 않겠냐고 당당하게 얘기를 하더라고 했다. 악의가 있는 행동은 아니고 친구들을 위한 마음에 그렇게 한 걸 알게 된 선생님은 아이를 야단치는 대신 차근차근 왜 이런 행동을 하면 안 되는지를 알려주셨다고 했다. 그러자 준석이는 그 뒤로 절대 같은 잘못을 하지 않았다고 했다.

학기말이 되면 성적표에 선생님들이 한 마디씩 적어주셨는데 그 말들이 또 기억에 남는다. '준석이는 우리 반 스타야!', '모든 엄마들이 준석이를 부러워한단다!'와 같은 말들이었다. 장손이라 어렸을 때 할머니, 할아버지가 너무 오냐오냐 뜻을 다 받아준 데다가 단체 생활에 익숙하지 않아 학교생활에 적응하지 못하면 어쩌나 걱정했는데, 괜한 걱정이었다. 선생님들이나 친구들이 잘못을 지적하면 바로 수긍하고 수정할 줄 아는 아이였던 것이다.

🎓 좋은 선생님을 만난 건 행운이었어요

1학년 때 선생님이 김화영 선생님이었다. 유튜브가 어느 정도 알려지면서 내가 나온 초등학교 5~6학년을 상대로 진로 상담 강연을 했다. 그때 오랜 시간이 지났지만 이미 정년퇴임하신 김화영 선생님의 연락처를 다른 선생님에게 여쭤봐 알게 되었다. 그리고 3학년 때 담임선생님이셨던 박혜경 선생님과 함께 작년부터 스승의 날이나 연말 같은 때, 따로 식사자리를 갖곤 한다. 무려 30여 년 전의 선생님들이지만, 나에게는 그만큼 많은 사랑과 가르침을 주셨던 분들이다. 직접 만나 뵙고도 말씀드렸지만, 이 지면을 빌어서도 선생님 두 분의 가르침 덕분에 오늘날의 내가 있을 수 있었다고, 진심으로 감사함을 전하고 싶다.

사실 나는 부족함 없는 가정에서 자랐다. 심지어 집안에서 장손이라 할아버지, 할머니가 너무 오냐오냐하면서 키워서 넘치는 사랑을 받으면서 밝게 자랐다고 생각한다. 하지만 단체생활이나 배려, 인내심 같은 부분이 초등학교 1학년 때는 부족했던 게 사실이다.

이런 나에게 무조건 혼을 내시지 않고 차근차근 알아듣기 쉽게 가르쳐주신 선생님들이 바로 위에 언급한 두 분이었다. 아마 학생 수가 많아 학생 한 명 한 명에게 관심을 기울이기 힘든 일반 초등학교에 갔더라면, 분명 이러한 두 분 같은 선생님을 못 만났을 가능성이 높다. 그랬으면 나는 공부는 잘했을지 몰라도 사회성이 부족한, 여러모로 문제가 있는 아이로 자라났을 것이고 말이다.

그래서 자녀를 초등학교 때부터 사립초등학교에 보내는 게 과연 자녀에게 긍정적으로 작용할 것인지에 대해 고민하는 학부모님들에게, 나는 여력이 허락한다면 가급적 사립초등학교에 보내는 것이 공부나 인성 면에서도 자녀에게 더 긍정적 영향을 끼칠 가능성이 높다고 단호하게 말한다.

물론 일반 초등학교에서도 충분히 자녀에게 양질의 교육을 제공할 수도 있고 실제로 그럴 것이다. 하지만 아무래도 학생 수가 적고, 또 열 살 이전의 어린 나이 때부터 음악, 미술, 운동 등 여러 과목을 마치 서양의 사립학교처럼 경험하고 배우게 하는 사립초등학교만의 교육 시스템은, 개인적으로는 실보다 득이 훨씬 더 많은 좋은 과정이라고 생각한다.

아무리 일반 초등학교가 좋은 환경을 갖추더라도, 실질적으로 사립초등학교보다 더 나은 교육 환경이나 주위 동기 학생들의 환경을 따라잡기는 힘들 것이라고 생각한다. 실제로 초등학교 시절에는 중학교 시절과 달리, 공부를 한다고 시비를 걸거나 공부 자체를 완전히 포기하고, 소위 말해서 엇나가는 학생들이 거의 없었던 걸로 기억한다. 사춘기가 오고 자기의 가치관이나 정서가 형성되기 전의 어린 학생들은 아무리 부모와 선생님의 지도가 있어도, 주위 친구들의 영향을 강하게 받을 수밖에 없다는 것을 생각해보면, 사립초등학교의 그러한 좋은 환경은 커리큘럼 이상의 큰 장점이 있다.

CHAPTER 4

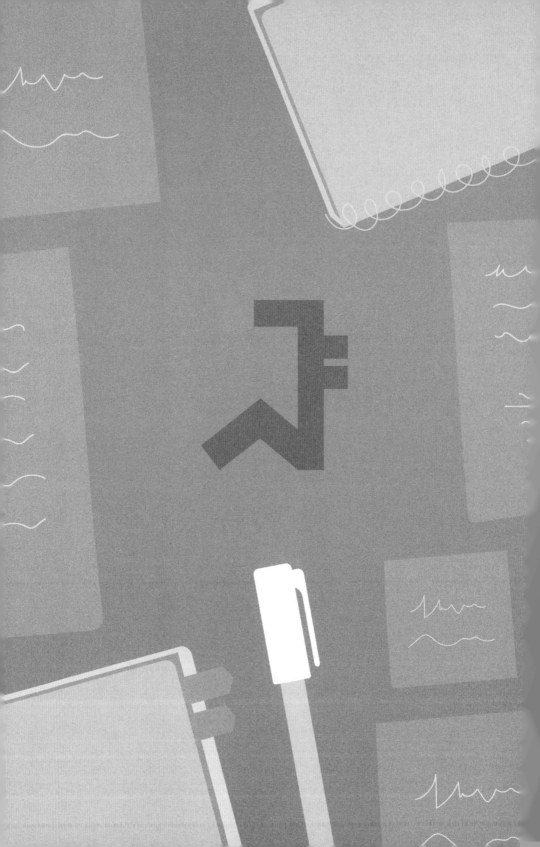

혼자 공부하는 힘을
키워야 한다

내가 여러 번 얘기하고 강조한 것처럼 좋은 학원에 가서 유명 강사의 강의를 듣거나, 좋은 과외 선생님에게 과외를 받는 것이 전부가 아니다. 그 이상의 시간을 혼자 공부해야 한다. 그래야 그 강의나 과외의 내용이 100% 본인의 것이 되어서 실력 향상으로 연결된다. 아무리 많은 돈을 들여서 좋은 강의를 듣고 좋은 과외를 받더라도 엉덩이 붙이고 앉아서 자기 혼자 그 내용을 복습하고 반복해서 익히지 않으면 아무런 소용이 없다.

어린 시절에 부모님들이 가장 주안점을 두어야 할 것은 무작정 하는 선행학습이 아니다. 영어 유치원 또는 의대준비반 같은 비싼 학원에 보내는 것도 아니다. 어떤 과목이든 진득하게 앉아서 참을성 있게 스스로 하는 공부 습관을 길러주는 것이 무엇보다 중요하다.

성인도 아닌, 심지어 아직 사춘기도 오지 않아서 본인의 가치관도 제대로 형성되지 않은 어린아이는 스스로 앉아서 공부하는 것을 좋아하거나 자발적으로 하지 않을 것이다. 오히려 한순간도 책상 앞에 앉기를 싫어하고 나가서 친구들과 뛰어놀거나 TV나 컴퓨터, 핸드폰 등으로 재미있는 영상을 보거나 게임을 하고 싶어 할 것이 자명하다. 그런 어린아이에게 책상 앞에 앉아서 어떻게 해서든 1시간 이상 참을성을 가지고 공부를 하게 만들 수 있는 존재는 이 책을 읽는 학부모님들밖에 없다.

처음에는 너무 지루하고, 책에 집중하지도 못하고, 딴 생각만 하면서 1~2시간을 그냥 보낼 수 있다. 하지만 그런 경험이 매일매일 쌓인다면 적어도 본격적으로 공부를 시작해야 할 초등학교 고학년이나 중학생이 되었을 때 다른 경쟁자인 아이들보다 스스로 자습을 하는 데 있어 훨씬 어려움을 덜 겪고, 빨리 공부 실력을 향상시킬 수 있게 될 것이다.

 ## 공부를 가르칠 때 가장 강조한 것은 무엇인가요?

학교에 들어가서는 받아쓰기와 한글 맞춤법이 기본이라 생각해서 충분히 연습을 시켜서 보냈다. 그러면 준석이는 한 번 시킨 것은 끝까지 해내고 연습한 대로 열심히 시험을 봤다. 그 결과 문제도 거의 틀리지 않더랬다.

그리고 학원이든 과외든 한 번 보낼 때 잘 알아본 뒤 등록하고 일단 학원을 다니면 중간에 옮기지 않고 끝까지 다니려고 노력했다. 그래야 공부의 흐름이 흐트러지지 않고 유지된다고 생각했기 때문이다. 또한, 어릴 때는 반복이 좋은 학습법이라 여겨서 뭐든지 여러 번 반복해서 기본을 탄탄히 쌓을 수 있도록 격려했다.

특히 수학은 선행학습보다 초등학교 저학년 때부터 계산의 정확성을 기르는 게 무엇보다 중요하다고 생각했다. 기본이 탄탄해야 되는 건 모든 과목에 해당되는 말이지만, 수학은 특히나 기본이라고 할 수 있는 계산 능력이 탄탄하게 자리 잡혀야 한다. 그리고 나서 선행학습이든 심화학습이든 그 다음 단계가 이루어져야 되는 과목이라고 생각해 아이를 가르칠 때 이를 특히 강조했다.

저도 어머니도 포기를 몰랐어요

과학고에 들어가고 나서는 이미 중학교 3년간 너무 많이 공부를 해서 각 과목별로 어떻게 공부를 해야 되는지 어느 정도는 기본적인 요령을 다 터득하고 있었다. 그리고 주위에 과목별로 잘하는 애들이 너무 많아서, 그런 애들한테 물어보거나 과학고 친구들의 공부법을 옆에서 보고 배우면 됐다. 나만 그런 것이 아니라 대부분의 과학고 동기들은 학원을 거의 다니지 않았다. 학교에서 보고 배운 것만으로도 학원을 가는 것 이상의 효과를 얻을 수 있었기 때문이다.

어머니가 시킨 것을 끝까지 해냈다는 얘기는 나도 공감한다. 근데 그 이유가 내가 원래부터 끝까지 해내는 성향을 가지고 태어나서는 아닌 것 같다. 처음에는 나도 다른 아이들처럼 중간에 포기하고도 싶고, 굳이 이걸 끝까지 해야 하나 하는 생각도 있었다. 그때마다 어머니는 내게 끝까지 해야 의미가 있고, 그래야 어떤 일이든 성공할 수 있고 훌륭한 어른이 될 수 있다는 얘기를 여러 차례 얘기해주셨다. 강요라면 강요일 수도 있고 최면이라면 최면일 수도 있을 것 같다. 요즘 많이 쓰는 말로 가스라이팅을 당한 것 같기도 하다. 물론 긍정적인 가스라이팅일 것이고 말이다.

그러다가 초등학교 4~5학년 때쯤 어느 순간부터 나 스스로도 나의 가장 큰 장점이자 내가 가장 큰 쾌감을 느낄 수 있는 건 공부임을 알고 나의 의지 100으로 열심히 공부하기 시작했다.

나의 경우는 초등학교 입학 이전, 또는 초등학교 저학년 시기에는 공부를 하는 게 꼭 필요하다는 긍정적인 가스라이팅이 필요하다는 쪽이다. 사실 이 시기의 어린아이에게 공부를 해야 하는 필요성을 합리적이고 논리적으로 설명하고 이해시키는 것이 불가능하기 때문이다.

하지만 이 때야말로 스스로 참을성 있게 꾸준히 성실하게 공부하는 습관을 들이기 위한 제일 중요한 시기다. 이전에 유튜브에서도 말한 적이 있지만, 약간의 체벌을 가하더라도 아이의 성격이나 특성에 맞게 가장 효과적인 말을 통해 반강제적으로라도 아이에게 공부하는 습관을 길러주고, 공부를 성실히 하면 얻을 수 있는 성취감이나 쾌감을 느끼게 해줄 필요가 있다. 그렇게 공부한 아이가 사춘기를 지나 스스로 세계관을 만들고 자신의 의지로 공부를 열심히 하게 되는 것이 제일 자연스럽게 모범생이 되고 공부를 잘할 수 있는 경로라고 생각한다.

아이가 스스로 자각해서 왜 공부를 열심히 해야 되는지를 느끼고 성실히 할 때까지 기다리거나 그때까지 부모가 아이의 공부에 개입하지 않는 건 사실 꽤 위험한 모험이다. 남자애들 중에서는 왜 공부를 열심히 해야 되는지를 20대 이후 군대를 다녀오고 나서야 깨닫는 사람도 있을 정도니까. 그렇기 때문에 부모가 어린 시절, 가급적 열 살 이전에 아이의 공부나 공부 습관 들이기에 적극적으로 개입하는 것이 공부 잘하는 아이 또는 알아서 성실하게 자발적으로 공부하는 아이로 키우기 위해서 꼭 필요하다.

참고서나 문제집은 어떤 것을 보았나요?

옛날 경기여고 맞은편 문구점에 겨울에만 며칠간 파는 성문사의 〈문제은행〉이라는 문제집이 있었다. 위로 넘기는 긴 문제집인데 학부모들 사이에서 좋다고 소문난 상태였다. 문제집 속에 모든 과목이 있어 인기가 많아 금방 다 팔리는 바람에 그걸 사려면 최대한 빨리 문구점에 가야 했다.

준석이에게 〈문제은행〉을 사주면 학교에 갖고 가서 풀었는데, 문제집이 기니까 다 풀고 넘기면 저절로 아래로 떨어졌다. 그러다 보면 책상 밑이 엉망진창이었다. 준석이 자리가 제일 지저분하다는 소리를 들을 정도였다. 다행히 집중력이 강한 준석이를 그 당시 담임 선생님이 매우 좋게 봐주셨다.

초등학교 때는 〈문제은행〉 외 특별한 문제집을 더 풀기보다 전과를 가지고 공부했다. 평소 숙제를 비롯한 예습, 복습을 전과 두 권으로 다 해결한 셈이다.

🎓 한 번 손에 쥔 문제집은 반드시 풀어냈어요

어렸을 때 내가 봤던 참고서와 문제집은 다른 학생들과 별다를 게 없었다. 그때그때 학생들 사이에 좋다고 유행하는 참고서와 문제집을 나도 똑같이 봤었다.

사실 앞에서 어머니가 말씀하신 성문사의 〈문제은행〉도 분명 처음에는 나를 포함해 반에서 3~4명만 풀었다. 근데 그걸 본 다른 아이들도 곧 나를 따라서 〈문제은행〉을 샀다. 그래서인지 어느 순간 반에서 공부 좀 한다는 애들은 다 〈문제은행〉을 풀고 있었다.

80~90년대 초등학생들에게는 전과라는 자습서가 고등학교 수학으로 치면 《실력 수학의 정석》 같은 바이블격인 자습서였는데, 《동아전과》와 《표준전과》 2종이 있었다. 사실 이 2가지 중에 하나만 사서 열심히 봐도 좋은 성적을 얻기에 충분하기는 했다. 하지만 나는 욕심에 이 2개의 전과를 다 사서 서로 겹치지 않는 부분까지 완벽하게 보려고 공부했었던 기억이 난다. 요즘

에도 유행하는, 그리고 공부 잘하는 아이들이 보는 자습서와 문제집은 다 이미 공개가 되어 있고, 대부분 그 책으로 공부하는 것 같다. 마치 내가 중학교 때 수학 좀 잘한다는 아이들은 다 〈하이레벨〉, 〈A급수학〉을 봤고 고등학교 시절에는 《실력 수학의 정석》을 본 것처럼 말이다.

중요한 것은 그러한 참고서와 문제집을 얼마나 완벽하게 반복적으로 디테일하게 공부할 수 있느냐다. 요즘은 인터넷에 검색 한두 번으로, 우리 때보다 훨씬 더 빨리 좋은 참고서와 문제집을 알아낼 수 있다. 심지어 나 같은 공부 관련 유튜버들이 직접 친절하게 참고서와 문제집을 추천해주기도 하고 말이다. 그렇기 때문에 좋은 참고서와 문제집을 몰라서, 또는 정보를 얻기 어려워서 공부를 못하는 환경은 절대 아닐 것이다. 오히려 그런 참고서와 문제집을 가지고 얼마나 밀도 있게 집중해서 완벽하게 공부하느냐가 그 학생의 성적을 가를 것이라고 생각한다. 심지어 그런 정보를 상대적으로 구하기 어려웠던 내 학창시절에도 결국 공부에 관심이 있고 공부를 잘하려는 의지를 가진 학생들의 우열은 똑같이 모두 가지고 있는 참고서와 문제집을 얼마나 완벽하게 소화해 내느냐에서 갈렸었고 말이다.

그리고 같은 참고서와 문제집을 가지고 공부하더라도 어떻게 해야 완벽하게 공부할 수 있는지는 사실 별다른 비법이 있는 것은 아니다. 계속해서 읽고 또 읽고, 문제를 풀고 또 풀면서 계단을 한 걸음 한 걸음 걸어 오르듯이 서서히 실력을 쌓는 수밖에 없다. 그러는 과정에서 본인만의 노하우나 지름길을 발견하기도 한다. 그 방법이 학원 강사나 과외선생님, 또는 나보다 공부를 잘하는 학생에게 들은 방법이라 할지라도, 나만의 자습시간을 가져야 비로소 그 방법이 완벽하게 나에게 옷처럼 잘 맞는 방법으로 완성될 수 있다고 생각한다.

영어 공부는 어떻게 시작하셨나요?

그때는 영어 공부의 중요성이 지금처럼 강조되는 시대가 아니었다. 영어 공부를 한다고 해도 말하기보다 문법 위주였다. 그러다가 준석이가 2학년 때쯤 학원에서 수학을 배우면서 영어와 물리, 화학도 해야 하지 않겠냐는 말을 들어서 근처 학원을 알아보았다.

그러던 어느 날, 준석이와 같은 반이었던 여자아이의 엄마가 영어 공부를 같이 하자는 제안을 해왔다. 때마침 영어 공부를 더 집중해서 하려던 참이었기에 흔쾌히 응했더랬다.

그렇게 소개 받은 선생님께 열심히 영어 과외를 받던 도중 얼마 못 가 개인 사정으로 외국에 가셔야 해서 다른 선생님을 소개해주셨다. 그 선생님이 정말 열심히 가르쳐주셨는데, 매번 단어 시험을 보고 숙제도 많이 내주었던 걸로 기억한다.

워낙 공부량이 많아 힘들다고 칭얼거릴 법도 하건만 다행히도 준석이는 이를 잘 따라와 주었다. 지기 싫어하고 어느 수준이 되면 그 수준 아래로 떨어지기 싫어한 준석이 특유의 성격 덕분일지도 모른다.

그 후에도 대치동에 있던 영어 학원에 다니며 열심히 공부했다. 때로는 영어 말하기 대회에도 나갔는데, 준석이가 이때 영어 테이프를 최대한 많이 듣고 말하는 것에 익숙해지려고 노력했던 것이 떠오른다. 그 덕분인지 외국에서 공부를 하고 온 아이들을 제치고 말하기 대회에서 상을 타기도 했다.

대치동 학원을 처음에 가는 것만 어려웠지, 그 이후에는 같이 모인 부모님들끼리 서로 정보도 교류하며 잘 지냈다. 그 아이들과 같이 그룹 과외든 다른 학원 강의든 팀을 짜면 되기 때문에 딱히 교육 정보를 얻는 데 그렇게 어렵지 않았던 것 같다. 영어 공부도 마찬가지였다. 일단 시작을 하고 나서는 준석이가 그 학원에서도 열심히 해서 좋은 성적을 얻어 그 이후의 사교육은 무난히 진행할 수 있었다.

🎓 영어는 즐겁게 배우는 게 중요합니다

영어도 내 기억에 초등학교 2~3학년 때인가부터 어떤 아파트에 가서 과외식으로 배우기 시작했던 것 같다. 그 당시에 영어는 정규 교육 과정에서는 중1 때부터 가르쳤기 때문에 초등학교 5학년 때부터 공부를 해도 충분히 빠른 분위기였다.

그런데 갑자기 초2~3학년 때쯤 영어를 배우러 가라 그래서 아버지 구급차를 타고 갔던 기억이 난다. 본격적으로 영어를 배운 것은 동아학원에서 초등학교 6학년 때부터였지만 영어 과외는 그 이전부터 했었다. 동아학원에서 수학을 가르치면서 아마 다른 과목도 같이 배우게 해야 돈도 벌 수 있고 학원 입장에서도 좋으니, 영어, 물리, 화학도 가르쳤었던 것 같다.

수학과 달리 영어는 딱히 엄청나게 선행학습을 하거나, 심혈을 기울여 공부하지는 않았다. 그냥 어머니가 또래보다 1~2년 정도 빨리 영어를 배우게 해주셨을 뿐이다. 영어는 수학처럼 논리적인 사고력이나 창의력이 필요한 과목이 아니라, 열심히 암기하고 공부하면 되었기 때문에 이미 초등학교 시절부터 몸에 밴 성실성으로 수학 다음으로 꾸준히 실력을 늘렸던 과목이었다. 영어는 국어처럼 또 다른 언어이기 때문에 배울 때 엄청나게 힘들거나 요즘 말로 현타가 왔던 적도 없었다. 모르는 단어나 문법이 나오면 열심히 외우고 배우다 보면, 어느새 안 들리던 영어가 들리고 안 읽히던 영어문장이 읽히는 경험을 하면서 오히려 재미있게 배웠다.

그 당시 어머니가 수능이나 토익에서 주로 필요한 듣기와 읽기뿐만 아니라 말하기와 쓰기도 중요시하셔서, 초등학교 때부터 해외에 나가지 않고도 외국인 영어 강사 선생님이 영어로 수업하는 영어학원에도 나랑 내 동생을 데려다주셨던 기억이 난다. 그래서 영어 발음을 최대한 유창하게 하기 위해 노력했었다. 또 그런 학원을 다니다 보니까 외국인 앞에서도 주눅 들지 않고 영어로 의사표현 하는 훈련을 하게 되어서, 고등학교 이후 해외에 나가서도 남들보다 조금은 능숙하게 외국인들과 영어로 의

사소통을 할 수 있었다.

이처럼 어머니는 수학뿐만 아니라 영어 같은 과목에서도 나에게 어렸을 때부터 최선을 다해 다양한 공부를 할 수 있는 기회를 제공해주셨다. 나는 그저 어머니가 보내주는 대로 성실하게 열심히 공부를 했었다. 물론 그렇게 학원을 데려다줘도 학원을 가기 싫어하고 놀고 싶어 할 수도 있었지만, 초등학교 저학년 때부터 나는 어머니가 시키는 대로 뭐든지 우선 열심히 하고 보는 좋은 습관이 들여져 있었다.

그래서 동아학원에 가서 중고등학교 수준의 영어를 배울 때에도 선행학습을 하거나 심화 과정의 영어를 굳이 애써서 배우지는 않았다. 하지만 학년에 맞게 영어 공부를 충실히 다방면으로 해왔기 때문에 어렵지 않게 수업도 따라가고 성적도 나오게 되었다.

그래서 수학과 달리 영어는 어떻게 공부해야 되는지에 대해 누가 물어보거나 유튜브 영상을 찍으려고 하면 딱히 할 말이 없다. 엄청나게 유명한 학원을 가거나 유명한 선생님 밑에서 배운 게 아니라, 그냥 남들보다 1, 2년 일찍 영어를 접했고, 그냥 언어이기 때문에 열심히 매년 수학 공부나 내신공부를 하면서도 꾸준히 해왔을 뿐이다. 영어라는 과목 자체가 암기가 기본인 언어이기 때문에 국어처럼 꾸준히 열심히 하다 보면, 어느새 실력이 늘어나는 과목이 아닐까 싶다.

이 책을 보는 많은 학부모님들도 자녀들의 영어 교육은 그렇게 어렵게 생각하지 않았으면 좋겠다. 사실 수학을 포함해 모든 과목이 다 그렇지만 영어야말로 특별한 왕도가 있는 게 아니다. 초등학교 고학년 시절부터 꾸준히 성실하게만 공부하면 수능이든 내신이든 누구나 다 어렵지 않게 1등급을 받을 수 있는 과목이라고 생각한다.

물론 공부법에서 약간의 요령이나 방법론이 있을 수는 있지만, 그 방법론이 수학만큼 특별하거나 엄청난 비법을 요하지는 않는다. 우리가 한국말을 언제부터 잘하게 됐는지, 특별히 의식하지 않으면서 한국말을 유창하게 잘하게 된 것처럼, 영어 역시 그렇게 누구나 유창한 실력을 기를 수 있는 과목이라는 게 내 생각이다.

 독서 교육은 어떻게 하셨어요?

초등학교 3학년 때 제대로 책을 읽고 글짓기를 배우기 전에도 준석이는 이미 또래 아이들에 비해 글을 잘 쓰는 능력이 있었다. 그리고 그러한 능력의 밑바탕에는 그전까지 계속 쌓아온 독서량이 알게 모르게 뒷받침되지 않았을까 싶다.

준석이는 만화책도 참 좋아했다. 그러나 준석이가 읽었던 만화책들도 60권짜리 《만화 삼국지》나 과학 관련 내용을 만화로 재미있게 풀어낸 것들이 꽤 많았다. 만화책을 좋아하는 아이를 위해 이왕이면 도움이 되는 것들을 사주거나 대여해 와서 읽게 해줬는데 그것이 꽤 도움이 되었던 것 같다. 실제로 준석이가 중학생쯤 됐을 때, 남들은 그제서야 읽는 셰익스피어 4대 비극 같은 비교적 어려운 고전 문학 작품들을 이미 만화책을 통해 초등학생 때 읽었으니 말이다. 그때 속으로 '만화책이 꼭 공부나 독서에 방해가 되는 것만은 아니구나! 학습에 도움을 주기도 하는구나!' 하는 생각을 했다.

지금도 기억나는 것은 바로 그 당시 큰 인기를 끌었던 이원복의 《먼나라 이웃 나라》다. 준석이가 초등학교 1~2학년일 때 유행했던 책인데, 아이가 참 많이 봤다. 그 책 덕분에 준석이는 어려운 역사 얘기도 잘 알게 되었다. 5학년 때 유럽으로 가족 여행을 갔을 때에도 저 유적이 《먼나라 이웃나라》에서 본 거라고 하면서 책 내용을 그대로 읊던 모습이 참으로 인상적이었다.

만화는 글로만 된 책들과 달리 읽을 때 큰 스트레스를 받을 일도 없나. 그래서인시 준석이는 교과서로 공부하다가 머리 아프고 그럴 때 만화를 많이 봤다. 초등학교 5~6학년쯤에는 용돈을 주면 가끔 만화방에 가서 2~3시간 동안 본인이 보고픈 만화책을 보고 오기도 했다. 그때 아이가 일주일에 1~2번 만화방에 가도 나는 별다른 말을 하지 않았다. 공부하다가 스트레스를 푸는 방법 몇 개 정도는 있어야 된다고 생각했기 때문이다. 그리고 그렇게 만화책을 보고 오면 스트레스가 풀렸는지 공부를 더 열심히 하니 굳이 말릴 이유가 없었다.

중요한 건 앉은 자리에서 엉덩이를 붙이고 책을 진득하게 읽는 습관을 익히는 것이다. 그로 인해 아이의 독서 능력과 글쓰기 능력, 그리고 지식도 향상된다. 또 중학교 이후의 공부는 결국 책상 앞에 진득이 앉아서 누가 책에 더 오래 집중하느냐의 싸움일수도 있는데, 독서라는 습관을 가지면 집중력 있게 긴 시간 공부를 하는 데에도 도움이 되는 것 같다. 어려서부터 어떤 책이든 독서하는 습관을 기르는 것은 그 아이의 미래 공부 능력 향상에 큰 도움이 된다고 생각한다.

🎓 만화책도 결국 책이에요

내가 초중고를 다니던 80~90년대에는 만화책은 술과 담배와 거의 동급으로 인식되던 시절이었다. 그래서 만화책을 학교에서 보고 있으면 선생님한테 혼나고 압수를 당하곤 했다. 하지만 나는 학교 공부에서 쌓인 스트레스를 주로 만화책을 보면서 해소했다. 그 과정에서 뜻밖에도 많은 지식들을 쌓을 수 있었다.

폭력적이고 다분히 시간 낭비밖에 안 되는 내용으로 가득한 흥미 위주의 만화책들도 분명 존재했다. 하지만 그중에는 국사 시간에 나오는 우리나라의 역사나 세계사, 그리고 여러 학교 교과서에도 나오는 미술이나 음악의 여러 개념들을 알기 쉽게 그림으로 풀어서 설명해주는 좋은 만화책들도 많았다.

어렸을 때 어머니가 권해주시던 《먼나라 이웃나라》 같은 책들이 대표적인 예라고 할 수 있다. 어머니는 만화를 좋아하는 나를 위해 학습만화들을 사주셔서 맘껏 읽게 해주셨는데, 이는 정말 좋은 선택이었고 개인적으로도 공부를 잘하게 되는 데에 큰 도움이 되었다고 생각한다.

이런 만화책들을 통해 얻은 지식들은 내 머릿속에 단단히 박혀있어서 나도 모르게 그와 관련한 내용을 학교 교과서를 통해 공부할 때 빠르게 암기가 되었던 경험들이 있다. 셰익스피어 4대 비극의 작품이나 그리스 로마 세계사 등을 학교에서 교과서를 통해 배우기 전에 이미 아무 생각 없이 읽은 만화책을 통해 자세하게 접했을 정도이니 말이다.

또한 운동을 좋아했었기 때문에 스포츠 만화도 매우 좋아했는데, 보통 이런 만화들의 내용은 매우 건설적인 경우가 많았다. 최근 오랜만에 개봉해서 엄청난 흥행을 기록한 농구만화 〈슬램덩크〉도 그때 내가 즐겨 읽었던 작품 중 하나였다.

이러한 작품들은 보통 10대 꼬마였던 나에게 어떤 힘든 일과 고난이 있어도 절대 포기하지 말고 최선을 다하다 보면 결국 목표는 이루어진다는 아주 희망차면서도 긍정적인 메시지를 전달해주었다. 그래서 초중고 시절 공부를 하면서 결과가 안 좋거나 어떤 벽에 부딪혀서 방황할 때 나에게 다시 한 번 용기를 내서 도전할 수 있게 해줬다.

그렇기 때문에 나는 만화책이 나의 학업 성적에 큰 영향을 끼쳤다고 생각한다. 요즘 아무리 영상이 우선이 된 세상이고 글자만 읽는 것에 거부감을 느끼는 젊은 학생들이 많은 시대라지만, 영상이 아닌 글자와 그림이 주는 상상력과 그로 인한 사고력의 향상에 대한 힘은 엄청나다고 생각한다.

아이에게 자기만의 공부법이 따로 있었나요?

준석이가 어렸을 때부터 모든 공부를 다 잘했던 것은 결코 아니었다. 특히나 암기 과목은 초등학교 3~4학년 때 처음 제대로 공부를 하기 시작했는데, 외우는 걸 너무 어려워했다. 그래서 남들보다 두세 배 더 노력해야만 했다. 새 학기 시작할 때 받은 책이 한두 달 뒤 중간고사 때가 되면 너덜너덜해질 정도로 말이다. 형광펜으로 하도 그어서 책 전체가 새까매져 글자가 안 보일 정도로 읽고 또 읽었다.

그렇게 하고 나서 시험 전에 암기한 교과서를 주고 내게 체크해보라 하고 천자문 외우듯이 책 내용 전체를 외우는데 진짜 토씨 하나 틀리지 않고 모든 것을 다 외웠다. 심지어 책 구석에 있는 그림조차도 몇 명이 있고 무슨 색 옷을 입고 있는지까지 다 술술 얘기할 정도였다. 그렇게 미친 듯이 보고 또 봐서 책 한 권을 통째로 외운 덕에 본인만의 암기 방법을 터득한 것이다.

어렸을 때 암기하는 연습을 따로 시킨 것은 아니었지만, 책을 많이 읽는 게 좋다는 얘기를 많이 들어서 앞에서도 얘기했듯이 최대한 책을 많이 읽게 하려고 노력했다. 어떤 자녀 교육 서적에서 읽었는데 책을 많이 읽으면, 나중에 커서 외우는 것도 잘하게 된다고 했다. 그래서 어렸을 때 동화책부터 시작해서 위인전 같은 것까지 많이 사줘서 준석이가 흥미를 가지고 스스로 읽을 수 있게 했다. 아마 그 노력이 아이 공부에 큰 도움이 되지 않았나 싶다.

🎓 엄마는 밀당을 잘하셨어요

그때는 시험을 치기 전에 국사책을 스캔하듯이 머릿속에서 다 기억해야 마음이 편했다. 일종의 강박증이었다. 사실 그런 과정이 있었기에 암기력도 늘고 뭐가 중요한지, 또 뭐가 중요하지 않는지를 알게 되었던 것 같다.

어머니 말씀대로 어렸을 때부터 책을 많이 읽으면 외우는 것도 잘하고 다른 여러 과목, 심지어 수학까지도 잘하게 되는 것 같다. 결국 모든 공부의 기본은 언어이기 때문에 글을 빨리 읽고 빨리 이해할수록 공부의 효율은 오르게 되어 있다.

내가 그 동안 여러 차례 유튜브 등에서도 얘기했지만, 우리 어머니는 내게 무작정 푸시만 하시지는 않았다. 만약 계속 푸시만 했다면 아무리 인내심과 끈기가 강한 나라노 언센가는 인내심의 줄이 끊어져 공부도 열심히 안 하고 놀기만 하며 엇나갔을 것이다. 하지만 어머니는 내가 잡고 있는 그 인내심의 줄이 끊어질 때까지 나를 잡아당기지는 않았다. 밀고 당기기의 고수처럼 나를 적절히 풀어줄 때는 풀어줄 줄 아셨다.

지금 생각해보면 그 밀고 당기는 어머니만의 타이밍이 기가 막히게 정확했다. 덕분에 그런 어머니의 교육 방식이 나에게는 찰떡같이 통했다고 생각한다. 그게 다 나를 누구보다 잘 알고 사랑했던 어머니만이 할 수 있는 가장 효과적인 교육이었을 것이고 말이다.

내가 첫 번째 책을 쓰고 홍보를 겸해 나갔던 여러 교육 관련 유튜브 영상에서 여러 번 읽었던 댓글 중 하나가, "어렸을 때의 어머니의 교육이 너무 힘들었을 것 같다. 서준석 원장님이었으니까 버틸 수 있었던 거지, 저런 방법을 내 자식에게 적용했다가는 분명 바로 부작용이 나올 것 같다." 이런 얘기들이었다. 이 지면을 통해 말씀을 드리면, 우리 어머니의 교육 방식이 다른 분들의 자녀들에게 바로 통하지 않을 것임은 당연하다. 어머니는 어머니가 제일 잘 아는 나라는 학생에게 제일 잘 맞는 특화된 교육 방식을 정밀하게 계획해서 그대로 실행하셨던 것이다. 그 방법을 타고난 재능도, 성향도, 성격도 다른 학생에게 그대로 적용하면 공부라는 긴 레이스에서 낙오할 가능성이 높을 것이다.

그렇기 때문에 우리 어머니의 교육 방식을 그대로 따라할 필요는 없다. 그중에서 우리 아이에게 제일 잘 맞을 것들을 선별해 적용하고 배움의 고비마다 자식이 포기하지 않고 벽을 넘어 그 다음 단계로 나갈 수 있는 고도의 밀당 능력을 습득하려고 노력하면 된다.

요즘 어머니들의 주요 화두 중의 하나가 "아이를 공부시키려면 어쩔 수 없이 아이를 강하게 푸시하는 나쁜 엄마가 되어야 되는데 그런 나쁜 엄마가 되고 싶지는 않아요!" 같은 고민이다. 나는 이러한 고민에 대해 어느 인터뷰에서 "나쁜 엄마가 되지 않으면서 자식을 열심히 공부시킬 수 있는 방법은 알지 못하겠다. 그래서 슬프지만 나쁜 엄마가 되더라도 자식이 열심히 공부하게 만드는 게 지나고 보면 자식에게 더 좋은 엄마가 되는 길이라고 생각한다!"고 얘기했다.

물론 우리 어머니라면 나쁜 엄마가 되지 않으면서도 아이를 열심히 공부하게 만들 수 있는 그런 밀당의 비법을 요소요소 잘 알고 있을 가능성이 꽤 높다. 그러한 어머니의 얘기를 최대한 여러분에게 들려드림으로써, 여러분이 고민하는, 아이를 강하게 푸시하는 그런 나쁜 엄마가 되지 않으면서도 아이가 스스로 열심히 공부할 수 있게 만드는 방법에 대해 어머니의 입을 통해 최대한 자세히 알려드리고자 한다.

자기주도학습은 언제부터 할 수 있게 되었나요?

3학년이 되던 해, 준석이는 전과 2종을 사 달라고 하더니 하교 후 스스로 숙제부터 했다. 음악 수업 때 작곡가 얼굴까지 그려가며 공부를 열심히 했다.

이렇게 아이가 초등학교 저학년 때부터 주도적으로 열심히 공부를 한 것은 내가 푸시를 해서거나 반강제로 시켜서는 아니다. 그냥 아이에게 책을 많이 사주고, 여러 좋은 선생님들을 소개시켜주고, 여러 좋은 친구들이 있는 초등학교에 보내주는 등 선택할 수 있는 환경을 만들어주었을 뿐이다. 그 다음 무엇을 선택하고 집중할 것인지는 전적으로 아이에게 맡겼다.

결국 공부는 아이가 스스로 하는 것이지, 부모가 강제적으로 시킬 수는 없다고 생각한다. 아무리 어린 나이이더라도 아이가 흥미를 가지고, 의지를 가지고 열심히 하지 않으면, 좋은 결과를 얻을 수 없다.

준석이도 마찬가지였다. 내가 아무리 음악과 미술에 많은 시간을 들이게 하고 경험을 하게 해줘도 전혀 흥미를 느끼지 못했다. 특히 음악이 그랬다. 그때 5개도 넘는 악기를 배우게 해줬는데, 세월이 흐른 지금은 악기 하나도 제대로 다루지 못하는 어른이 되었다. 그런 준석이를 보면 좀 아쉬운 점이 있지만, 그 역시도 준석이의 선택이었다고 생각한다. 대신 수학 같은 과목에서는 기대 이상의 성과를 보여줬으니 더 바라는 것은 없다.

🎓 스스로 공부 잘되는 방법을 찾아 했어요

어머니 덕분에 노트 필기의 중요성을 알게 돼서 초등학교 저학년 때는 예쁜 글씨로 노트 필기를 엄청 열심히 했다. 그 이후 중·고등학교 때는 그렇게 글씨를 예쁘게 쓰지도, 정리를 잘한 적도 없다. 하지만 초등학교 때의 노트 정리와 필기 능력이 뒷받침되고 내재되어 있었기 때문에 따로 시간을 들여 노트 필기나 정리를 하지 않아도 효율적으로 공부를 할 수 있었다.

전과 2종은 《표준전과》와 《동아전과》로 보통 1개만 보면 충분한데, 나는 무조건 전교 1등을 해야 되니 2개를 다 사서 내용을 봤다. 그 전과가 거의 백과사전 느낌인데, 2개를 지겹도록 보고 또 봤다. 그게 어떻게 보면 나의 초등학교 시절의 든든한 공부 내공의 원천이었던 것 같다. 전과에 나오는 글자들을 토씨 하나 빠뜨리지 않고 읽고, 외우고, 익히고, 다지는 과정에서 진짜 내 공부 실력이 길러지고 공부에서 필요한 끈기와 인내심이 길러지지 않았나 싶다.

내가 유튜브나 내 첫 번째 책에서도 반복적으로 얘기한 가성비 높은 공부의 비결이 바로 이것이다. 이는 유명한 학원 강사나 공부를 잘했던 사람들에게 듣고 익히는 것이 아니라, 맨땅에 헤딩하듯이 스스로 시간을 써서 공부 내용을 외우고 모든 열정을 공부에 쏟아봐야 한다는 게 포인트다. 다소 무의미한 것 같고 효율이 떨어지는 것처럼 느껴지는 시간들이 겹겹이 쌓이면서 본인도 모르는 사이에 본인에게 가장 가성비 높은 공부의 방법을 터득하게 된다. 그러면 그때부터 엄청난 시간을 절약하며 공부 효율을 올릴 수 있다.

작곡가 얼굴까지 그리면서 공부를 한 건, 그래야 그 어려운 작곡가 이름이 잘 기억났었기 때문이다. 그 당시에는 지금처럼 유튜브에서 암기법을 알려주던 시기가 아니었기 때문에 스스로 어떻게 하면 확실하게 효과적으로 암기할 수 있을까를 고민하다가 생각해낸 암기법 중 하나였다. 밑줄도 너무 그어서 종이에 구멍이 나고 교과서가 까맣게 될 정도로 형광펜을 겹쳐서 칠해보기도 했고, 작곡가 얼굴뿐만 아니라 음표까지도 그려가면서 외워지지 않는 외계어 같은 세계 작곡가의 이름과 곡들까지도 완벽하게 외우려고 내 나름대로 노력했다. 그 결과 나만의 효과적인 암기법을 터득하고 쉽게 공부를 하게 된 것이다.

이 글을 읽는 학부모님들과 학생들도 본인 자녀 또는 본인이 타고난 재능이 없어서 포기하고 싶은 생각이 든다면, 이런 나의 경험담과 어머니의 회고를 통해 한 번 죽을 정도로까지 노력은 해보고 포기하라는 말씀을 드리고 싶다. 죽을 각오로 공부하면 그런 각오를 뛰어넘을 재능은 거의 없음을, 내가 너무나도 강하고 확실하게 경험하고 느꼈기 때문이다. 그런 내 경험을 이 책을 읽는 여러분들도 꼭 경험하시길 강력히 바라본다.

예체능 교육은 어떻게 시키셨나요?

준석이가 다니던 초등학교에서는 수업 시간 중에 수영 시간이 따로 있었고, 방학이 끝나면 수영 급수 시험을 보곤 했다. 이때 한 번에 1급을 받기 위해서 압구정동에서 제일 유명하다는 선생님을 소개 받아 수영을 배우게 했다. 그곳에는 여러 명이 배우는 반도 있었는데, 체육은 자세가 중요하다 생각해서 한 명 한 명 자세를 가르쳐주고 교정해줄 수 있게 조금 비용이 들더라도 개인 교습을 받게 했다.

당시 수영 선생님이 정말 스파르타식으로 수업을 진행했는데, 준석이는 그 시간이 그다지 즐겁지 않았던 모양이었다. 2학년 때 수영 1등급을 받은 후 바로 강습을 그만둔 기억이 있다.

수영 외에도 준석이가 초등학교 저학년일 때는 음악과 미술도 가르쳤다. 미술에 엄청 흥미를 가지는 것 같지는 않았지만, 그래도 초등학교 때 3~4년간 열심히 다녔다. 시키는 건 대부분 열심히 꾸준히 성실하게 하는 게 준석이의 장점 중 하나였다.

앞에서 말했듯이 경복초등학교에서는 방과 후 특기활동시간에 의무적으로 학생 한 명당 악기를 하나씩 배우게 했다. 이미 초등학교 입학 이전에 피아노, 바이올린, 첼로 등을 시켰는데 별로 흥미를 못 느껴 배우다가 만 적이 있어서 어느 악기를 시켜야 되나 걱정했다. 마침 준석이가 작고 반짝반짝 빛나는 게 예쁘다고 해서 플루트를 시켰는데 이번에는 좀 더 커서 그런 건지 학교 활동이라 공부처럼 성실히 해야겠다고 생각해서인지 열심히 하려고 했다.

하지만 역시나 음악에는 흥미가 없고 재능도 없어서 나중에는 열심히 하지 않았고, 결국 그만두었다. 부모가 아무리 노력해도 아이가 적성에 맞지 않고 흥미가 없으면, 좋은 결과로 돌아오지는 못하는 것 같다. 준석이의 경우에는 악기가 그러했다. 아마 거의 유일하게 준석이한테 내가 소개해준 여러 종목들 중에서 실패로 끝난 종목이 악기일 것이다.

1학년 때는 스케이트를 미리 시키고 있던 H엄마의 말을 듣고 준석이에게도 스케이트를 가르쳤다. H엄마는 네 아이 중 세 명을 이미 사립초등학교에 보냈고 막내인 H도 사립초등학교를 보냈기 때문에 경복초등학교의 시스템을 잘 알고 있었다. 초등학교를 졸업하기 전까지 스케이트 실력을 일정 수준 달성해놓아야 한다면 1~2학년 때 미리 해놔야 3학년 때부터는 공부에 집중할 수 있겠다 싶었다.

겨울이 되기 전에는 아이스링크에서 스케이트 연습을 할 수 없으니까 1학년 2학기 때부터 수영 끝나고 당시 살던 고덕동 아파트 공터에서 인라인스케이트로 스케이트 수업을 받았다. 그걸 6개월 정도 하고 겨울에 어린이회관 스케이트장에 가서 얼음판 위에서 스케이트를 하니까 잘했다. 운동같이 잘하기까지 시간이 걸리는 분야는 상대적으로 공부를 덜 하는 1~2학년 때 최대한 미리 시키려고 했다.

준석이가 또래에 비해 키도 크고 덩치도 커서 스케이트를 잘하니까 코치선생님이 대회에 내보내자 제안했다. 그래서 동계체전 초등부에 나가기 위해 열심히 훈련했다. 그 결과 당당하게 1등을 따냈다.

매우 힘든 운동이지만, 준석이가 먼저 그만두겠다고 한 적은 없다. 오히려 스케이트 훈련이 끝난 뒤에도 욕심을 부려 연습을 더 하겠다고 그 큰 태릉 아이스 링크를 한 바퀴씩 더 돌았다. 한 번은 스케이트장 코너를 돌 때 넘어진 적이 있는데, 그 다음부터는 코너 돌 때만 되면 넘어지는 일이 반복되었다. 나는 긴장감과 두려움에 대한 트라우마를 극복시키지 않으면 안 될 것 같았다. 그래서 일부러 스케이트를 조금 더 시켰다.

그렇게 노력한 끝에 전국체전에 나가 500m 대회에서 처음에는 동메달, 그 다음에는 은메달, 그리고 마지막에는 금메달까지 따며 트라우마를 극복해내고 말았다. 그런 준석이를 대견하게 여기며 스케이트를 그쯤에서 그만두게 했다.

그 때 열심히 운동을 한 덕분인지 스무 살이 될 때까지 별다른 훈련을 하지 않는데도 준석이의 허벅지랑 장딴지가 늘 두꺼웠다. 준석이 말로는 아무리 살이 빠져도 다리 근육은 빠지지 않는다고 하더라. 그리고 허벅지랑 장딴지가 굵어서 농구나 축구 같은 운동을 할 때도 여러모로 다른 애들보다 좋다고 얘기했었다. 이처럼 경복초등학교에서 어려서부터 반강제적으로 시켰던 수영, 스케이트, 스키 등으로 인해 공부하는 체력도 좋아지고, 민첩성이나 순발력 같은 운동감각도 기를 수 있었다.

🎓 체육은 재능 있었지만 음악은 아니었던 것 같아요

다른 엄마들이 지나가면서 하는 얘기를 놓치지 않고 들었다가 필요할 때 가르치는 게 말이 쉬워 보이지 절대 쉬운 일이 아닐 것이다. 지나고 보니 어렸을 때 수영과 미술 등을 배워둔 게 세월이 흐른 지금, 나에게 큰 도움이 되었다. 기초체력도 생기고 수학, 과학만 공부한 이과생치고는 미술적인 감성도 제법 가지게 되었기 때문이다. 이러한 경험을 비춰봤을 때 아직 아이가 정서적, 신체적으로 성장하기 전에 여러 분야를 시켜보고 경험하게 해보는 건 좋은 것 같다.

다만 플루트 같은 악기는 내가 가장 재능과 흥미가 없었던 부분이었다. 그 이전에 피아노도 배웠는데, 어머니가 하신 얘기가 있다.

"나이가 들어 감정적으로 힘들거나 슬플 때 악기를 연주하면서 스트레스를 풀면 아주 좋은 스트레스 해소 방법이기도 하고 삶의 질을 높여줄 거야. 근데 나는 어렸을 때 집에서 악기를 가르쳐주지 않아서 그럴 기회를 가지지 못했어. 준석이 너는 지금 당장은 하기 싫어도 참고 악기를 배워두렴."

그런 어머니의 말씀이 지금도 또렷이 기억이 날만큼 꽤 설득력이 있었지만, 내 재능은 굳이 따지면 체육 쪽으로 특화되어 있었다. 특히 음악 쪽은 아니었다.

경복초등학교의 교육제도 덕분에 초1~2학년 때 수영, 스케이트, 스키를 적어도 어디 가서 중간 이상은 할 정도로 배워둔 것은 평생에 걸쳐 나에게 큰 도움이 되었다. 그래서 지금도 초등학교 저학년 시절에는 공부도 중요하지만, 어릴 때 수영, 스케이트, 스키 등을 미리 배워둬서 나이 들어 몸 고생할 필요가 없다고 지인들에게 말하기도 한다.

그 때는 공부만 하기도 바쁜데 왜 이런 운동까지 선수 급으로 배워야 되나, 나에게 공부 이외의 여러 예체능 활동을 시키는 어머니랑 학교가 밉기도 하고 이해도 안 갔다. 하지만 지나고 보니 그러한 사립초등학교의 예체능을 강조하는 전인적인 교육 방식은 정말 좋은 것 같다. 어렸을 때 예체능 쪽 소양을 아이가 너무 스트레스 받지 않는 선에서 최대한 길러주는 것은 꽤 중요한 가르침과 경험이 될 것 같다는 게 나의 생각이다.

부모 뜻대로 잘 따라가지 못하면 어떻게 해야 할까요?

무엇을 하든 아이의 성향이나 상황에 맞춰야 한다고 생각한다. 자녀 교육은 엄마가 억지로 이끈다고 되지 않는다. 요즘 TV에서 〈금쪽같은 내 새끼〉라는 프로그램을 열심히 보는데, 정말 부모 능력 밖의 아이들이 생각보다 많다는 걸 느끼고 있다. 그런 프로그램을 보면서 내가 무엇을 하든지 어렸을 때부터 성실하게 따라준 준석이한테 새삼 참 감사함을 느꼈다.

내 경험에서 보면 내 아이를 제일 잘 아는 사람은 태어났을 때부터 바로 옆에서 보고 관찰하고 키워온 엄마다. 엄마가 내 아이를 잘 살펴보고 적성이나 흥미, 성향 같은 것을 종합적으로 파악한 뒤 그때그때 상황에 맞춰서 가르치면 된다.

예전에는 자식이 부모를 보고 큰다고 해서 어르신들이 빗나간 애는 부모가 잘못돼서 그렇다는 소리를 많이 했나. 그런 말이 듣기 싫으면서도 한편으로는 또 맞는 말이라 생각해서 어떻게 해서든지 준석이, 준용이한테 부모로서 모범적인 모습을 보여주려고 노력했다.

"그래, 나는 아이를 키우는 엄마잖아. 부끄럽지 않은 부모가 되어
야 해."

아이들을 키울 때에는 외출을 해서도 행동 하나, 말 한마디 하나도 조심하고 신중했다. 그런 모습들을 준석이가 보고 그대로 배우고 자라날 것이라고 생각했기 때문에 말이다.

준석이의 경우는 공부에 있어서는 늘 최선을 다하며 나를 잘 따라주었다. 늘 부모의 요구보다 기대 이상의 노력과 성적을 보여줬으니까 말이다. 대신 공부에 열중하느라 사회성 같은 부분에서 또래 애들보다도 가끔 기대 이하의 모습을 보여주고는 했다. 동생이랑 친하게 지내고 동생을 배려하는 모습을 보여주지 않는 것 같은 행동 말이다.

그럴 때는 처음에는 조곤조곤 왜 그렇게 행동해야 되는지, 지금 보여주는 모습이 왜 잘못된 것인지를 이야기하고 타일러주고는 했다. 하지만 남자 아이라서 그런지 말만 해서는 알아듣거나 행동을 수정하지는 못했다. 그런 모습에 속이 상하기도 했지만 아이를 위해 어쩔 수 없이 매를 들기도 했다.

하지만 매를 드는 데도 한계가 있었다. 그럴 때는 남편의 힘을 빌렸다. 아무래도 남편은 남자이기도 하고, 어렸을 때 장군 출신이셨던 시아버지 밑에서 엄하게 군대식으로 가정 교육을 받아왔기 때문에 나보다 아들 훈육을 더 잘했다. 준석이는 그런 아빠를 매우 무서워했다. 준석이는 내 말을 안 듣고 엇나가고 가끔은 반항을 하다가도 아빠한테 혼이 나면 바로 말을 듣고 행동을 수정하고는 했다.

준석이는 이때 아빠의 모습이 트라우마로 남을 정도로 무서웠다고 얘기한다. 그럴 정도로 남편이 준석이를 엄하게 때리기도 하고 혼내기도 했다. 어린 준석이에게 조금 미안한 감정도 들지만, 그때 남편이 따끔한 모습을 보여주지 않았다면 준석이는 어쩌면 공부만 잘하고 인성은 좋지 않은 어른으로 자랐을 수도 있다.

요새는 매는 커녕 자식에게 꾸짖는 말도 함부로 못하는 젊은 부모가 많다고 들었다. 시대적인 흐름일 수도 있겠지만, 내가 아들 둘을 키우면서 생각해보니 가끔은 일관성 있는 따끔한 교육이 필요할 때가 있다. 아무리 논리적으로 알아듣게 말을 해도, 아이들은 말 그대로 아이들이기 때문에 정신적으로도 미성숙해서 부모의 말을 알아듣지 못하고 본인들 하고 싶은 대로 행동하는 경우도 꽤 많기 때문이다. 그럴 때는 적절한 훈육으로 아이들을 바로잡아야만 한다.

🎓 부모님은 또 다른 나라고 할 수 있어요

내가 어렸을 때는 그 희생의 무게를 몰랐지만, 스무 살이 되고 대학생이 되어 과외를 하면서 조금씩 깨달은 바가 있다. 특히, 30대가 되어 내 또래들이 결혼하고 육아하는 모습을 보면서 어머니가 어떻게 나랑 내 동생에게 본인의 인생을 바치셨는지, 또 얼마나 열과 성을 다해 나랑 내 동생을 교육시키셨는지를 알게 된 것이다. 아무리 주변을 살펴보아도 우리 어머니만큼 열과 성을 다해 최선을 다해 노력하는 부모를 나는 본적이 없다. 그렇기 때문에 내가 유튜브 등에서 '내가 가진 학력의 8할은 사실 어머니의 몫이다'라고 진심으로 얘기하는 것이고 말이다.

이 글을 보는 학부모님들은 아마 우리 어머니의 세대가 아니라 81년생인 나의 세대에 훨씬 더 가까울 것이다. 그리고 우리 세대는 아무래도 앞에서 어머니가 얘기하신 가치관과는 달리, 자녀 교육도 중요하지만 본인의 일과 같은 자아실현도 중요하다는 가치관을 가지고 있을 것이다. 나 역시도 그러한 가치관을 가지고 있다.

하지만 그런 가치관이 지배하는 요즘 같은 시대일수록 역설적이게도 자식의 성장은 부모의 희생에 좌우되는 면이 있을 수밖에 없다. 앞에서 어머니가 얘기하신 것처럼 아무리 좋은 학원과 과외를 시켜준다고 하더라도 자식을 제일 잘 알고 지금 그 아이에게 어떤 것이 필요한지, 무엇을 지원해야 하는지 알 수 있는 것은 가장 가까운 거리에 항상 머무르며 아이를 돌보는 어머니일 것이기 때문이다.

그래서 요즘처럼 학원과 과외에 대한 접근성이 쉬워지고 수많은 공부 자료들과 정보들이 범람하는 시대에 한 아이의 공부 실력이 갈리는 지점은 어떻게 보면, 그 학생의 부모가 얼마나 자식에게 애정과 정성을 쏟고 자녀 교육에 일찍부터 정성을 기울이느냐에 달려 있다고 생각한다. 슬프지만 그러려면 당연히 부모들은 본인들의 시간을 기꺼이 사랑하는 자식을 위해 내어줄 수밖에 없을 것이고 말이다.

어쩌면 '하나를 얻으려면 하나를 잃을 줄 알아야 한다'는 세상의 이치가 자녀 교육에도 냉정하게 적용된다고 생각한다. 그래서 이 글을 읽는 누구보다 자녀 교육에 관심이 많고 자식이 공부를 잘하기를 바라는 부모님들은 이 점을 명심하고, 어린 시절 나의 어머니처럼 자식에게 좀 더 관심을 기울이고 자식에게 정성을 쏟기를 바란다.

단순히 많은 돈을 들여서 좋은 학원에 보내고 좋은 과외 선생님을 붙여주는 것만이 정성의 전부는 절대 아닐 것이다. 내 아이가 어떤 성향을 가지고 있고, 어떤 과목을 어려워하며, 공부에 대해 이떤 생각을 가지고 있는지, 이런 세세한 점들을 누구보다 빨리 파악하고 그때그때 필요한 것들을 자녀들에게 제공해주어야 한다.

　때로는 그것이 좋은 학원일수도 있고, 좋은 과외 선생님일수도 있고, 아니면 전혀 다른 마인드 교육일수도 있을 것이다. 그런 정성과 관심이 서서히 쌓일 때, 비로소 여러분의 자녀들은 공부에 대한 열정을 가지고, 어느 순간 나처럼 스스로 강력한 동기부여를 갖고 시키지 않아도 열심히 공부하는 자세를 가지게 될 것이라고 나는 확신한다.

 기본적인 교양 교육은 어떻게 하셨나요?

　한창 아이들 과외를 시키면서 자연스럽게 수업하는 다른 아이들의 집에 가게 되었다. 그러면 그곳에서 그림이나 조각 같은 예술작품이 걸려 있는 모습을 볼 수 있었다. 그런 집들을 드나들면서 집 인테리어의 마지막 완성은 예술품이라는 생각을 하게 되었다. 자녀를 굳이 미술이나 음악을 가르치기 위해 학원이나 박물관 등에 가지 않아도 집안에 그러한 예술 작품을 인테리어로 배치할 수만 있다면, 자녀들의 예술 감각이나 교양은 어릴 때부터 자연스럽게 길러질 것 같았다.

두뇌 발달은 단순히 수학이나 영어 같은 과목으로 길러지는 이성적 영역의 교육만으로는 완성되지 못한다. 이성을 다루는 영역인 좌뇌의 발달 못지않게 감성을 다루는 우뇌의 발달도 어린 시절에는 중요하기 때문이다.

공부만 잘하고 공감 능력이 떨어지거나 감정이 메마른 아이들은 그들이 어렸을 때 이런 감성적인 영역에 대한 교육이나 경험이 부족했을 가능성이 높다. 돈을 아무리 많이 벌더라도 나중에 커서 옷이든 차든 집이든 어떤 물건을 살 때 비슷한 가격대의 물건, 심지어 더 싸더라도 누가 보기에도 더 괜찮은 물건을 고르는 안목을 길러주려면, 이런 감성적인 영역의 교육 또한 반드시 필요하다고 생각했다. 그런 안목을 길러주고, 그런 식의 사고를 하는 것도 수학 문제 푸는 것 못지않게 중요한 능력이라는 생각이 들었다. 이는 분명 돈으로도 살 수 없는 소중한 자산이 될 것이기 때문이다.

그래서 준석이를 키우면서, 수학, 영어, 과학 같은 성적에 직접적으로 연결되는 과목들에 대해 열심히 가르치고 학원을 보내며 최대한 신경을 쓰려고 노력했다. 그런 와중에도 틈틈이 준석이 나이에 보면 괜찮겠다 싶은 그림 전시회, 발레, 뮤지컬, 연극 공연 같은 것도 시간이 된다면 열심히 같이 가서 준석이에게 보여주려고 노력했다. 준석이는 그게 그냥 놀러 가는 거라고 생각했겠지만, 그런 경험들이 모여서 준석이에게 조금 부족했던 감성적인 영역의 우뇌발달을 자극하고 성장시킬 수 있다고 믿었다. 그리고 그러한 노력들은 결과적으로 공부에도 도움이 되고, 준석이가 올바른 성인으로 성장해가는 데에 큰 역할을 했다.

🎓 어릴 적 경험이 제 인생을 더욱 풍요롭게 만들었어요

　사실 어렸을 때는 어머니가 집안에 그림이나 조각들을 전시해두고 그 예술품들을 애지중지하며 행여 자식들이 건드릴까 걱정하는 모습이 싫기도 하고 이해가 되지 않았다. 나는 음악, 미술과 같은 예술 쪽보다는 스포츠에 더 관심과 흥미를 느끼고 있었다. 그래서 어머니처럼 미술작품이나 조각, 이런 것에서 엄청난 감흥을 받거나 영감을 느끼지는 못했던 것 같다.

　하지만 우리 형제가 어렸을 때 경복궁이나 지금은 철거된 조선총독부 건물, 그리고 가끔 미술관에서 하는 작품 전시회 같은 곳에 종종 갔던 기억은 선명하게 남아 있다. 어머니가 단순히 공부만 시킨 게 아니라 어린 시절 틈이 날 때마다 그런 문화 생활을 하게 해주셨기 때문에 나도 조금은 시야가 넓어졌다고 생각한다.

　공부를 할 때도 이런 어린 시절의 경험들이 미술, 음악 등의 내신에 알게 모르게 도움이 되었다. 무의미한 경험은 없다. 특히 어린 시절일수록 그게 운동이든, 공부든, 문화생활이든, 분명 아이의 정서발달이나 지능발달에 조금이라도 기여하는 부분이 있다고 생각한다.

　아무튼 어머니는 단순히 내가 좋아하는 운동이나 수학, 영어 같은 공부뿐만 아니라, 최대한 다양한 분야의 경험을 하게 해주려고 하셨다. 공부만 하다 보면 흔히 드라마에 나오는 너드(NERD,

공부벌레) 같은 이미지로 커나갈 수 있다. 하지만 나는 상대적으로 다양한 분야를 접하고, 그중에 나에게 적성이 맞는 운동을 꾸준히 해서 체력도 기를 수 있었다. 또 나름 과학고-공대 출신이지만 완전 이과적인 생각과 사고방식에 매몰되지 않고 다양한 사람들과 다양한 가치관에 대해 얘기하고 상대방을 존중할 수 있게 되었다. 이렇게 된 데에는 어린 시절의 어머니가 가능하게 해준 그러한 공부 외적인 다양한 경험들이 도움이 되었다고 생각한다.

 ## 공부 의지를 키워주기 위해 어떻게 하셨나요?

준석이는 진짜 열심히 했고, 항상 다 잘했다. 어떤 날은 자기 방에서 울면서 공부하길래 그럴 거면 그만하라고 했는데 다 끝내야 한다면서 끝까지 하고 나왔다. 영어 학원에서 단어를 100개 외워오라 하면 친구들끼리 경쟁하면서 다 외워 갔다.

물론 처음에는 내가 열심히 공부하라며 밀어붙이고 야단을 친 적도 있었다. 초등학교 1학년인 아이가 스스로 열심히 공부할 가능성은 거의 없으니까 말이다. 초등학교 1학년 방학 때에는 2학기 때 배울 내용을 정리해 미리 예습을 시켰다. 당시에는 굳이 학원에 보내지 않아도 내가 직접 가르칠 수 있다고 판단했다. 그래서 방학 기간 동안 집에 있을 때에는 공부할 부분을 알려주고 숙제를 내준 뒤 내가 체크하는 식으로 예습을 했다.

그러다 보니 2학기 때도 시험을 보면 좋은 성적이 나오고 잘하게 되었다. 그리고 점점 굳이 시키지 않아도 스스로 공부를 열심히 했다. 아마 좋은 성적을 받고 1등을 하니 엄마가 크게 기뻐하는 데다가 학교 담임선생님도 칭찬해주시고, 친구들도 부러워하니 이런 것들이 어린 준석이 마음에도 동기 부여가 된 것 같았다.

그래서 그 이후에 나는 준석이가 열심히 공부할 것들을 안내해주는 역할만 했었다. 준석이는 원래부터 경쟁심도 강하고 끈기도 있는 아이였다. 그래서 내가 이끌어주는 대로 묵묵히 잘 따라온 게 아닐까 싶다.

그런 식으로 2학년, 3학년이 되어서도 계속해서 좋은 성적이 나오자 3학년 무렵부터는 자기도 좋은 성적이 나오고 1등을 했을 때의 쾌감을 느끼기 시작했는지 굳이 강요하거나 말하지 않았는데도 보는 시험마다 100점 만점을 받는 걸 목표로 삼았다. 한번은 시험이 생각보다 좀 어렵게 나와서 1등을 했지만 100점을 못 받았을 때가 있었다. 그 날 학교 아이들 앞에서 100점을 못 받고 1, 2개를 틀렸다고 책상을 뒤집어엎어서 애들이 놀랐다는 얘기를 아이 엄마들한테 전해 들었다. 그때 처음으로 준석이가 이렇게까지 공부에 대한 열의와 경쟁심이 크구나 하고 놀랐던 적이 있다. 그만큼 자기가 공부한 과목들은 한 문제라도 틀리기 싫어서 스스로 알아서 열심히 해갔다.

이처럼 자기 의지가 아직 형성 안 된 애들이 있다면 내가 준석이에게 했던 것처럼 방학 기간을 이용해서 앞으로 배울 부분에 대해 예습을 시키면 좋을 것이다. 그러면 확실히 예습한 부분에 대해서는 다른 아이들에 비해 좋은 성적이 나오게 된다. 1등이나 만점까지는 아닐지라도 말이다. 그러면 아이 역시 자연스럽게 공부에 대한 쾌감과 성취감을 느끼게 되고, 그런 것들이 원동력이 되어서 공부에 대한 강한 의지로 연결되는 경우가 많다. 이런 과정을 겪어나가며 아이가 성장할 때 부모는 옆에서 아이가 고비마다 쓰러지지 않고 계속해 나갈 수 있도록 격려해야 한다. 그것이 바로 부모의 역할이다.

🎓 의지와 끈기를 만들어준 건 부모님이죠

어머니는 내가 원래부터 의지와 끈기를 타고난 아이라고 얘기하셨지만, 내 생각은 조금 다르다. 물론 타고나길 의지와 끈기가 어느 정도는 있었을 수도 있다. 하지만 그래봤자 어린아이는 어린아이다. 1차원적인 욕구를 향한 의지와 끈기가 2차원적 요소인 공부에 대한 의지와 끈기로 연결된 데에는 어렸을 때 어머니의 교육이나 훈육이 무척이나 큰 역할을 했다고 생각한다. 실제로 가끔 만점을 못 받거나 1등을 놓치고 성적이 안 좋을 때는 혼이 나기도 했었다.

물론 그런 어머니의 교육과 훈육 때문에 어린 마음에 상처를 입고 어머니가 미웠던 적도 있었다. 하지만 중요한 건 그런 과정을 거치면서 열심히 공부를 하다 보니, 어느 순간부터 어머니의 훈육이 없어도 내 스스로가 공부를 잘해서 좋은 성적을 얻고 싶다는 강한 의지가 생기고, 그렇게 공부를 하는 과정에서 성취감을 느끼기 시작했다. 그리고 그때부터는 어머니가 얘기했던 공부에 대한 강한 의지와 끈기가 내 안에서 점점 강해지기 시작했고 말이다.

아주 어린 시절에는 자녀가 공부에 대한 동기 부여를 가지고 의지와 끈기를 가지는 데에는 분명 부모의 역할이 꽤 크게 작용한다는 점을 강조하고 싶다. 그 과정은 자녀의 성향에 따라, 또는 이 글을 읽는 학부모의 자녀 교육 가치관에 따라 얼마든지 달라질 수 있을 것이다. 아이들은 아직 너무 어려 가치관이 형성되기 전이라, 공부에 대한 동기 부여를 스스로 갖기 어렵다. 또한, 공부를 열심히 해서 느끼는 성취감 자체도 모를 수 있다. 그렇기 때문에 여러분은 공부에 대한 의지와 끈기를 가지기 어려운 어린 자녀들에게 자신만의 방법으로 공부에 대한 의지와 끈기를 조금씩 심어줘야 한다. 이것이 그 무엇보다 중요하다.

그리고 그러한 노력이 처음엔 어색하고 힘들더라도 하루하루 꾸준히 성실하게 이어진다면, 분명 오래 지나지 않아 여러분의 자녀들도 나처럼 어느 순간 부모가 본인을 이끌거나 가르치지 않더라도, 공부를 열심히 함으로써 얻는 성취감을 느끼고 자연스럽게 공부에 대한 의지와 끈기를 가지게 되는 순간이 오게 될 것이다.

CHAPTER 5

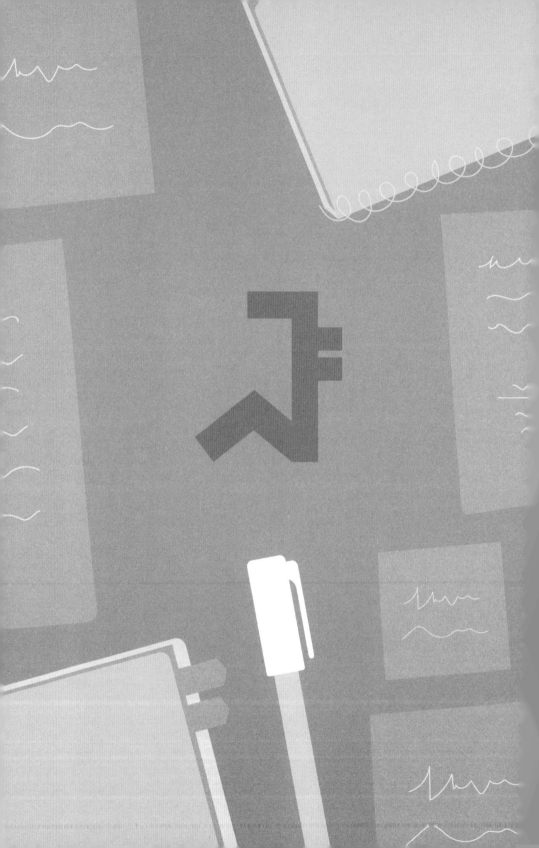

중·고등학교 시기,
목표가 곧 성공이 된다

중·고등학교 시기는 게임으로 치면 예선을 거쳐 오른 본선이라고 할 수 있다. 유치원 시절, 초등학교 시절에 전반적인 공부 능력을 기르고 공부하는 습관을 쌓으며 기초를 다졌다면, 중학교부터는 본격적으로 학교 시험을 통해 등급과 등수가 나뉘는 것이다.

문제는 이 시기가 되면 소위 말해 수학을 포기해버리는 '수포자'가 조금씩 등장하고 더 나아가 아예 공부 자체를 포기해버리는 학생들이 나타나기 시작한다. 그동안 막연히 공부를 잘한다고 생각했거나 잘해왔다고 생각하는 학생들의 진짜 실력이 중학교 때의 시험부터 나타나기 때문이다.

그렇다고 해서 지레 겁을 집어먹고 미리 포기할 필요는 없다. 나름대로 열심히 공부하며 준비를 했더라도 갑자기 높은 난이도의 문제를 마주하게 되면 누구든지 처음에는 문제를 제대로 풀 수 없을 것이다. 중요한 건 이럴 때 겁을 먹고 포기하는 것이 아니라, 초등학교 시절 꾸준히 닦아온 공부 습관과 경험을 토대로 진지하게 새로운 공부의 벽과 맞서는 데 있다.

아무리 넘기 어렵고 대단해 보이는 벽일지라도 그동안 해왔던 공부 습관과 경험을 토대로 하루하루 성실하고 진지하게 공부를 해나간다면, 그 벽도 결국은 허물어지고 넘어갈 수 있다. 애초에 공부는 어렵고 힘든 것이다. 그렇기 때문에 많은 학생들이 어려움을 느끼고 하나둘씩 떨어져나간다는 것을 인지하고, 나는 그렇게 되지 않겠다는 단호한 의지와 열의가 필요하다.

강한 놈이 오래 가는 것이 아니라, 오래 가는 놈이 강한 것이다.

이 명제는 공부의 세계에서도 그대로 적용된다.

 ## 방학 때는 어떻게 공부시키셨나요?

방학에는 학기 중보다 자유롭게 학원도 다니고 자습할 시간도 많아서 같은 하루여도 학기 중에 2~3일의 가치가 있었다. 특히나 준석이가 초중고를 다닐 때는 토요일도 학교를 갔기 때문에 학기 중에도 주말이 짧았다. 그래서 학교를 안 가는 방학 기간이 훨씬 더 길게 느껴졌고 공부를 하기에 중요한 시간이었다.

초등학교 때 가끔 방학을 이용해 가족끼리, 또는 당시에 여행을 좋아하시던 준석이 할머니와 다른 나라로 길게 여행을 가게 될 때도 공부할 책들을 들고 갔다. 그래서 여행 기간 동안 짬을 내서 책을 읽고 다음 학기 예습을 위한 문제집을 풀었다.

초등학교 5학년 말, 동아학원에 가기 전에는 선행학습이라고 해봤자 방학 때 그 다음 학기 부분을 공부하는 정도였다. 아이 혼자 공부할 때가 많았고, 내가 가끔 옆에서 봐주면서 공부를 시켰다. 이 정도 공부만으로도 준석이는 다음 학기 때 수학이든, 다른 과목이든 다 잘하는 모습을 보였다.

동아학원에 다니기 시작한 후에는 학원 공부를 따라가면서 스스로 공부도 해야만 했는데, 준석이가 학원에서 배운 내용을 혼자 자습할 때 어려움을 느끼는 것 같았다. 그래서 당시에 알게 된 수학 학원 원장님의 아들에게 과외를 받게 했다. 서울과학고를 나오고 서울대 공대에 다니고 있던 그 형의 과외 내용은 다행스럽게도 꽤 좋았고, 준석이도 공부에 도움이 된다며 열심히 했다.

그 후로 방학에는 과목 상관없이 목표로 했던 책 한 권을 미리 공부해서 익히고 다음 학기를 맞이했다. 학원도 열심히 다녔었고, 과외 등도 이용해서 공부할 수 있는 기간이 긴 방학을 최대한 잘 활용했다. 준석이도 방학 때는 조금 더 공부에 집중하는 모습을 보여줬다.

고등학교에 가고 나서는 거의 사교육을 하지 않았다. 이미 공부하는 법을 알고 있기도 했고 기숙사 생활을 했기 때문에 토요일 오후에 집에 와서는 주말에 혼자서 공부를 하거나 밀린 잠을 잤다. 나 역시도 준석이가 서울대학교보다 들어가기 힘들다고 하는 서울과학고에 들어간 후에는 학원에 가라고 하거나 공부를 하라고 강요하지 않았다. 그냥 혼자서 하게 둬도 알아서 잘 할 거라고 생각했고, 실제로 준석이는 그런 엄마의 믿음을 저버리지 않았다.

🎓 여행 가는 중에도 문제집을 풀었죠

한때 과외를 해주던 형은 나의 고등학교, 대학교 직속 선배기도 하다. 그때도 내가 대치동 동아학원을 다니면서 수학을 곧잘 할 때였지만, 실력을 더욱 향상시키기 위해 어머니가 과외선생님으로 그 형을 붙여주셨다. 그리고 이는 분명 효과가 있었다.

방학을 활용하는 건 지금은 이미 모든 대치동 어머니들에게 루틴이 되어버린 필수 상식이다. 하지만 그 당시 90년대 초중반에는 그런 분위기가 형성되어 있지 않은 시기였다. 그런데 어머니는 그때부터 방학을 활용할 생각을 하고 공부 계획을 짜고 실제로 실행시켰으니 탁월한 능력을 지닌 훌륭한 교육 컨설턴트였던 것 같다.

요새 부모들은 학원의 상술 때문인지 무작정 3~4년 정도의 선행을 한다며 엄청난 돈을 학원에 갖다 바치고 신경을 쓴다고 한다. 그런데 정작 자녀들은 그 과정에서 수박 겉핥기식으로 공부를 해서 실력도 별로 늘지 않고, 오히려 공부에 대해 거부감만 쌓이는 경우가 많다. '효과도 그다지 없는 선행이 대 유행이고 필수'라는 말을 실천할 뿐인 것이다.

과학고 입학에 필요했던 시험을 망쳤다고 들었어요

동아학원 내 수많은 학생들 중 특히나 실력이 좋아서 무조건 수학경시대회에서 높은 상을 받아 특차로 과학고를 갈 거라고 손꼽히던 학생이 3명 있었다. 준석이는 그 3명 중 한 명이었다.

그런데 막상 수학경시대회 날이 되자 준석이는 과하게 긴장해 손이 떨려서 제대로 문제를 풀지 못했다. 결국 우리 아이만 경시대회에서 높은 상을 받지 못해 특차로는 서울과학고에 들어갈 수 없었다.

시험이 끝난 뒤 준석이는 잔뜩 풀이 죽어서 집에 오는 차 안에서도 머릿속으로는 계속 못 푼 문제를 푸는 것 같았다. 나 또한 그런 아이를 보며 안타깝고 속상한 마음이 컸다. 어차피 못 풀 문제였는데 그 문제를 과감히 포기하고 쉽게 풀 수 있는 다른 것부터 풀었으면 과학고에 특차로 가지 않았을까 하는 생각이 들었던 것도 사실이다. 실제로 준석이보다 실력이 떨어진다고 했던 아이들도 수학경시대회에서 좋은 상을 받아서 10명 가까운 동아학원 친구들이 특차로 서울과학고에 먼저 합격했었다.

🎓 경시대회 실패는 나를 더 성장시켰어요

이때 내 인생에서 처음으로 긴장 때문에 제대로 시험 문제를 풀지 못했다. 이전에는 긴장을 해도 그 때문에 시험을 망친 적이 없었다. 하지만 수학경시대회는 지난 4~5년간 대치동 학원에서 배운 모든 걸 쏟아내는 가장 큰 무대였기 때문에 유독 심하게

143

긴장이 되었다. 이유가 어찌 되었든 가장 중요한 시험에서 가장 어이없는 실수를 하고 말았다. 이는 나의 공부 여정에서 제일 큰 첫 번째 실패였다.

이때의 경험으로 나는 큰 상처를 입었지만, 한편으로는 내가 긴장하는 가장 큰 이유를 찾는 계기가 되었다. 실패했을 때 느낄 패배감, 굴욕감, 쪽팔림 등의 감정 때문에 긴장하는 것이 아니었다. 이 시험을 못 봤을 때 나를 위해 전력으로 서포트하고 노력한 어머니와 아버지가 실망하실 거라는 두려움이 나를 긴장하게 한 것이다.

결론적으로 서울과학고에 특차로 가는 방법은 실패했다. 하지만 중학교 3년간의 학교 내신과 고입선발고사 성적을 바탕으로 한 일반 전형이 남아있었다. 그래서 난 경시대회 실패의 충격을 풀 새도 없이 다시 신발 끈을 조이며 공부에 몰두했다.

나는 일반 전형 준비를 하면서 스스로 마인드 컨트롤을 하려고 노력했었다. '어머니, 아버지는 내가 시험을 잘 보든 못 보든 아무런 실망도, 기쁨도 느끼지 않는다. 이건 그냥 단지 시험일뿐이다. 아니다. 나는 사실 고아다. 내 주위에는 아무도 없다. 그러니까 시험 결과에 너무 연연해할 필요가 없다. 그냥 시험 때 내가 풀 수 있는 문제들만 풀면 그걸로 대만족이다. 내가 시험을 잘 봐서 서울과학고에 합격하더라도 내 주위에는 좋아해줄 사람도, 결과가 안 좋다고 슬퍼해줄 어떤 사람도 없다' 하는 자기 암시와 최면을 계속해서 걸었다.

지금 생각해도 말도 안 되는 자기 암시지만, 중학교 3학년 어린 나이에 엄청난 실패를 겪고 나 혼자만 외딴 섬에 떨어진 패배자가 되어 마지막 도전을 해야 했기에 그토록 말도 안 되는 자기 암시라도 걸어야만 했다. 돌이켜보면 어떻게 그런 생각을 하고 마인드 컨트롤을 했는지 신기하기도 하고 살짝 무섭기도 하다. 하지만 당시의 나는 일반전형에서조차 떨어진다면 그동안 공부했던 것들이 물거품처럼 사라져버리고 더 이상 살 가치도 의지도 없다는 생각까지 했을 정도였다. 그 결과 동시에 이루어졌던 민족사관고 시험과 과학고 시험부터는 떨지 않고 시험을 볼 수 있었다.

오랜 시간이 지난 지금 이 글을 쓰면서 생각해보면, 인생은 당시 베스트셀러였던 홍정욱 님의 《7막 7장》 안에 있는 말과 같다는 생각이 든다.

"세상 모든 일에는 어찌 그리 합당한 이유와 목적이 있는 것인지. 아, 삶의 구석구석이 경이롭지 않을 수 없다."

이 말은 당시의 내게 그런 어려운 순간을 지나 공부 인생 최대의 걸림돌이 된 시험 전 긴장을 극복하는 계기도 되었고, 과정은 순탄치 않았지만 서울과학고 합격이라는 해피엔딩의 결과까지 가져다주었다.

마흔세 살인 나름 적지 않은 나이인 지금 돌이켜봐도 내가 정신적으로 가장 코너에 몰리고 힘들었던 시기는 중학교 3학년 시절이었던 것 같다. 그때의 내가 보여줬던 의지와 용기라면, 앞으로도 어떤 인생의 고비가 닥치든 다 이겨내고 극복해낼 수 있을 것 같은 생각이 든다.

 ## 과학고 입학은 어떻게 할 수 있었나요?

중학교 시절부터 과학고를 염두에 두고 물리나 화학까지 공부를 시켰었다. 민족사관고는 과학고에 입학하지 못했을 때를 대비해서 차선으로 생각한 길이었다.

하지만 민족사관고에 직접 견학을 가니까 시설도 좋을 뿐만 아니라 영어로 수업을 진행하면서 방학 때는 학교 부담으로 하버드대학 같은 미국 명문대 연수도 보내준다고 하니 알던 것 이상으로 좋은 학교라 여겨졌다. 더욱이 선생님 1명당 학생 5~8명 정도의 비율로 가르친다고 해서 교육 환경은 서울과학고 못지않게 좋아 보였다. 그래서 서울과학고를 특차로 갈 수 없다면 민족사관학교도 아이의 앞날을 위해 좋은 선택일 것 같아 지원하게 했다.

하지만 준석이 마음은 그렇지 않은 모양이었다. 아이가 내 추천으로 민족사관고에 원서를 넣은 후 어느 날, 잔뜩 풀이 죽어서 혼자 앉아 있었다. 왜 그러느냐고 이유를 물어보니 학원 친구들이 다 과학고를 갔는데 자기만 혼자 다른 학교를 가게 되어 도무지 힘이 나지 않는다는 것이다.

자기도 친구들과 같은 학교로 가서 농구도 하고 공부도 하고 싶었단다. 아무리 민족사관고가 좋아도 친한 친구들과 떨어져 혼자 먼 강원도에서 기숙사 생활을 할 생각을 하니 잘 지낼 자신이 없다고 했다.

사실 중학교에 입학한 후 준석이가 전교 1등을 하자 수석으로 사립초등학교를 졸업하고 왔다는 소문이 돌아서 어머니회를 하는 엄마들 사이에도 준석이를 시기하는 분위기가 있었다. 준석이가 공부만 조용히 하고 있는데도 와서 괴롭히거나 시비를 거는 애들도 있었고 말이다. 그러니 공부 잘하는 애들은 비슷한 애들끼리 붙여놔야 된다는 생각이 들었다.

실제로 준석이는 중학교 3년을 다니면서 그런 이유로 학교 친구들보다는 사는 동네도 다니는 학교도 다르지만, 동아학원 친구들과 더 친하게 지냈었다. 결국에는 준석이가 행복하게 학교를 다니기 위해서라도 같은 학원 친구들과 같이 학교를 다닐 수 있는 서울과학고에 꼭 보내야겠다는 생각이 뒤늦게 들었다.

하지만 예상치 못한 상황을 맞닥뜨려야만 했다. 특수목저고에 2번 이상 원서를 쓸 수 없어서 민족사관고에 합격하면 서울과학고에 지원 자체를 할 수 없다는 것이었다. 마음이 다급해진 나는 곧장 민족사관고 교감선생님에게 전화해 바로 그날 민족사관고 설립자였던 파스퇴르 최명재 회장한테 찾아갔다. 교감선생님과 통화할 때 민족사관고에 수석으로 합격한 준석이 입학 취소 문제는 본인이 결정할 수 있는 사항이 아니니 직접 와서 최명재 회장을 만나라고 했기 때문이다.

그때 당시 민족사관고가 5회에 걸쳐 단계적으로 시험을 봐서 애들을 뽑았다. 그냥 필기시험 한 번으로 끝나는 서울과학고 시험 때와는 달리 여름방학 때도 1차, 2차 시험을 쳐서 합격한 애들을 일주일가량 합숙해서 실험을 하게 하고 단체 생활도 하면서 3단계 시험으로 입학 후보를 추렸다. 그리고 제일 마지막인 5차 시험으로 물리, 화학, 수학, 영어, 국어 등 다섯 개 과목에서 고등학교 수준의 난이도 높은 문제를 내 그 성적에 따라 아이들을 뽑았다. 입학시험 과정을 운영하는 데만 96년 당시 돈으로 3억 원 이상 들었다고 했다. 그만큼 큰돈을 들여 심혈을 기울여서 뽑은 학생들 중에서도 수석을 한 준석이를 쉽게 놓치지 않을 거라는 얘기였다.

추운 초겨울 어느 날, 최명재 회장이랑 직접 얘기해보려고 학교 수업까지 빠지면서 준석이와 준석이 아빠와 함께 강원도 횡성에 있는 민족사관고로 갔다. 가서 듣자니 민족사관고에 최종 합격을 하면 법적으로 서울과학고에는 지원 자체가 안 되기 때문에 이를 어기고 지원하면 이중지원이라 서울과학고도 못 가고 민족사관고도 갈 수 없다고 했다. 강원도 교육감이라는 사람까지 와서 그런 얘기를 하니까 덜컥 겁이 났다. 결국 그날은 그 얘기만 듣고 무거운 마음으로 서울로 올라왔다.

그날부터 철야 기도를 하기 시작했다. 준석이 아빠는 강원도 정치인들을 잘 알고 있다고 하는 삼촌과 횡성으로 가고, 나는 친오빠로부터 도의원을 소개 받아 직접 교육부에 가서 법령을 알아보았다. 그랬더니 안 될 것 같다는 대답을 받았다. 그러는 와중에도 최명재 회장이 준석이 아빠한테 준석이를 키워줄 테니 민족사관고에 입학시키라고 했다. 상황이 계속 이렇게 되다 보니 서울과학고에 지원하는 것은 영영 불가능할 것 같았다.

그렇게 시간은 하루하루 흘러서 서울과학고에 입학지원서를 내는 마감일이 다가왔다. 원서를 내면 민족사관고도 불합격이 된다는 생각에 어찌 하지도 못하고 있었는데, 같이 기도하던 교회 권사님이 끝까지 포기하지 말라며 조언해 일단 중학교로 가보았다. 당시 배재중학교 교감선생님이 입학지원서를 2장 써줄 테니 담임과 함께 가보라고 했다. 이에 담임선생님과 나는 과학고에 연락해서 좀 늦더라도 원서를 받아 달라 부탁하고 차로 움직였다.

바로 그때였다. 과학고로 가는 중에 뒷좌석에 있던 담임선생님이 원서를 읽어보다가 민족사관고가 특수목적고가 아닌 것을 발견했다. '할렐루야!' 그러니까 준석이는 과학고에 원서를 넣어도 위반이 아니었던 것이다.

떨리는 마음으로 서울과학고에 도착하니 교감선생님이 우리를 기다리고 계셨다. 간절함을 담아 사정 이야기를 하자 서울과학고 교감선생님이 준석이 학생부 성적을 유심히 보시고는 이 아이가 욕심난다고 하셨다. 하지만 아이의 진로를 막을 수야 없다면서 만약 민족사관고에서 끝까지 지원 취소를 안 해주면 우리가 준석이 입학 지원서를 받지 않은 걸로 하겠노라고 말했다.

그렇게까지 얘기해주시니 준석이를 서울과학고에 더 보내고 싶어져 그날부터 기도를 더 열심히 했다. 그렇게 서울과학고 교감선생님이 준석이의 사정을 알 정도로 입학지원서를 내면서 난리쳤는데 떨어지면 무슨 창피인가. 붙게 해달라고 간절히 기도했다. 다행이 우여곡절 끝에 준석이가 붙어서 서울과학고에 무사히 입학할 수 있었다.

🎓 행복한 학교생활을 위해서라도 과학고에 가고 싶었어요

당시 배재중학교는 자사고 형태인 지금과 달리 일반 중학교였다. 배재중학교 근처에 사는 아이들이 랜덤으로 배정받아서 가곤 했는데, 그래서인지 학교에 공부를 열심히 하지 않는 아이들도 많았다. 게다가 운동부에 대한 투자도 상당해서 공부와는 사실상 담을 쌓고 운동에만 전념하는 운동부 아이들도 한 반에 1/5을 차지할 정도로 특이한 성격의 학교였다.

보통 일반 중학교에도 공부를 잘하는 중학교와 공부를 좀 등한시하는 학교로 나뉘어서 비슷비슷한 애들끼리 모이게 되는데, 배재중학교는 혼재되어 있었다. 나처럼 공부를 열심히 하고 잘하는 애들도 분명 있었고 전혀 그러지 않은 아이들도 있어서 같은 반 교실에서도 전혀 다른 성향의 아이들이 존재했던 기억이 있다.

그래서인지 맨 앞자리에서 쉬는 시간에 조용히 책을 보는 것만으로 그것을 고깝게 보는 애들이 존재했다. 책상을 발로 차고 간다든지 교과서를 집어던지는 일도 부지기수였다. 이런 환경에 있다가 대치동에 가서 나처럼 열심히 공부도 하면서 운동, 게임도 즐기는 친구들을 만나니까 정말 좋았다. 이런 친구들이랑 친하게 지내고 가능하면 서울과학고에 같이 합격해서 학교를 즐겁게 다니고 싶다는 생각이 강하게 들었었다.

동아학원에서 즐겁게 공부하고 뜻 맞는 친구들과 지내다가 다음날 다시 배재중학교에 등교해서 반 아이들을 만나야 하는 생활은 나를 너무 지치게 만들었다. 공부만으로도 힘든데 이런 말도 안 되는 환경 때문에 괴롭게 지내는 게 싫어 하루 빨리 벗어나고 싶은 마음이 점점 더 강해졌다.

아버지도 이런 내 얘기를 어머니를 통해 듣게 되셨다. 그래서 만약 서울과학고에 떨어지면 나를 아예 미국으로 유학 보낼 생각도 하고 계셨다. 나도 이런 환경에서 3년간 더 있다가는 공부는커녕 일상생활도 어려울 정도로 정신이 피폐해질 것 같은 생각이 들어 미국 유학에 적극적으로 찬성했었다.

그래서 어머니가 민족사관고 시험도 과학고 시험과 같이 봐보는 게 어떻겠냐 하셨을 때 기분이 썩 좋지 않았다. 민족사관고 자체가 싫었다기보다는 서울과학고에 진학하게 될 대치동 친구들이랑 멀어지는 게 싫었던 것 같다. 그 낭시 어린 중학생인 나에게는 그냥 내가 하고 싶은 공부를 마음 편히 할 수 있는, 서로의 다름을 존중해주고 면학 분위기가 확실히 세워져 있는 환경이 너무나도 절실하게 필요했다.

과학고 재학 중에는 사교육을 어떻게 시키셨나요?

앞에서 설명했듯이 과학고 때는 학원에 거의 다니지 않았다. 대신 수학경시를 공부하는 아이들 엄마들끼리 서로 팀을 짜서 방학 때 수학 실력을 조금이라도 기를 수 있게 경시수학을 가르쳐줄 수 있는 선생님한테 그룹 과외를 시켰다.

애초에 기숙사 생활을 했기 때문에 주말을 제외하면 학원 보낼 시간도 없었지만, 굳이 보낼 필요도 없었다. 학교에서 충분히 공부를 시켜주었고, 또 자습시간도 따로 있어서 친구들끼리 놀면서도 알아서 공부를 하는 분위기가 형성되어 있었기 때문이다. 중학교 때 3년간 열심히 학원을 보내고 공부를 시켰더니, 정작 고등학교 때는 고생하지 않아도 되는 거 같았다.

서울과학고 때는 수학경시반에서 크고 작은 수학경시대회도 많이 나갔다. 초등학교, 중학교 때도 대회를 많이 나갔었고 대회에 나가면 매번 수상을 했었다. 수학 실력이 부쩍 늘었던 중학교 2~3학년 때부터는 큰 상도 많이 받았다. 서울과학고에 가서도 마찬가지였다. 주위에 수학 잘하는 애들이 워낙 많았지만, 이는 준석이에게 방해 요소가 되지 않았다. 오히려 자극제가 되어 공부를 더 열심히 했는지 고려대 입학 자격을 주는 고려대 수학경시대회에서도 큰상을 받고 그랬다. 서울대를 제외하고 나머지 대학교는 수학경시대회 상만으로도 수능 성적 관계없이 갈 수 있을 정도였다. 별다른 사교육 없이도 스스로 성과를 내는 아들이 무척이나 대견하고 자랑스러웠다.

🎓 과학고 친구들이 선생님이자 친구였죠

어머니가 말씀하신 대로 나는 서울과학고에 가서 만난 친구들이 좋았다. 서울에 있는 중학교에서 전교 1, 2등을 하는 아이들만 모아둔 학교여서 그런지 몰라도 면학 분위기가 자연스럽게 형성이 되어 있었다. 그렇다고 공부만 하는 게 아니라 쉬는 시간에는 운동도 하고 게임도 하는 분위기여서 더욱더 좋았다.

중학교 때처럼 혼자 공부를 해도 그것을 시기하고 안 좋게 보는 아이가 없었다. 오히려 공부를 할 때 서로에게 물어볼 수도 있고, 힘이 되어주는 친구들이 많아 이러한 것들이 매우 만족스러웠다. 그러다보니 확실히 시너지 효과가 나타났다. 나도 모르게 공부에 소홀하거나 공부에 대한 열의가 떨어질 때 바로 옆에 앉아 있는 같은 반 친구들이 열심히 공부하는 모습을 보면 나시금 힘을 내고 공부에 대한 열의를 다지곤 했다.

수학경시대회를 준비할 때도 마찬가지였다. 수학 문제를 풀다가 이해가 안 되거나 어려운 부분이 나오면 같은 반에 있는 나보다 수학을 잘하는 아이들에게 자연스럽게 물어볼 수 있었다. 그렇게 같이 어려운 문제의 풀이법을 토론하는 경험이 고등학생이었던 내게 너무도 좋게 다가왔다.

그래서 공부 외적인 일로 스트레스를 받을 일도 현저히 적었다. 공부를 하면서도 그 과목이 무엇이든 훨씬 더 효율적으로 공부를 할 수 있었다. 심지어 공부를 하다가 머리를 식히려고 운동을 하거나 게임을 할 때도 나랑 비슷한 방식으로 스트레스를 푸는 친구들이 주위에 많아서 같이 재미있게 지낼 수 있었다.

그래서 나는 내가 가진 화려하다면 화려한 여러 학력 중에 서울대의 3개 학과보다 서울과학고 입학이라는 학력을 가장 소중하게 생각한다. 힘겨운 중학교 시절을 지나 겨우 찾은 오아시스 같은 곳이었기 때문이다. 물론 서울과학고 시절의 경험들이 힘들고 괴로웠던 경험들도 분명 있지만, 돌이켜보면 내 인생의 가장 행복한 시절 중의 하나로 기억 속에 소중히 남아있다. 그래서 어머니의 말씀처럼 공부를 잘하는 아이들은 한 곳에 모아놔야 좋다는 말에 적극 동의하는 바이다.

 친구들과 놀러 다니거나 게임을 하는 게 걱정되지는 않았나요?

준석이가 초등학교, 중학교 때는 100원짜리 동전을 넣고 하는 오락실을 종종 갔다. 열심히 공부를 하다가도 학원 근처 오락실에서 스트레스를 풀겠다며 나한테 오락실에 가게 천 원만 달라고 했던 기억이 난다. 고등학교 때는 친구들이랑 PC게임을 많이 했던 것 같다. 심지어 고3 시절에는 점심 먹으라고 준 돈을 아껴서 밥을 안 먹고 학원 친구들과 게임을 했다고 들었다.

게임을 하며 노는 게 좀 걱정이 되면서도 그대로 둔 건 중학교 때 이미 고등학교 대부분 과정을 선행학습하여 성적이 떨어지지 않게 스스로 잘 관리하고 있었기 때문이다. 그래서 준석이가 게임을 하며 논다고 해도 크게 걱정하지 않았다.

그렇다고 휴식 시간에 오로지 게임만 한 것은 아니었다. 가끔 여유 시간이 생겨서 동네에서 놀 때는 집 근처 초등학교에 가서 친구들과 어울리며 운동을 많이 했다. 활동적인 걸 좋아한 터라 야구나 축구, 농구 등을 하며 또래와 어울렸다.

생활이 거의 학원 수업과 과외 수업에 맞춰져 있어서 따로 일일계획표 같은 것도 없었고 휴식시간을 따로 계획하지도 않았다. 미술이며 태권도며 스케이트며 초등학교 때부터 학원을 다니면서 알게 된 친구들과 학원 수업 사이에 또는 학원 쉬는 날 함께 운동하며 즐기는 게 준석이에게는 가장 큰 놀이였던 것 같다.

🎓 게임은 유일한 스트레스 해소법이었어요

과학고를 가니 같은 학교 친구들 중에서도 내가 공부를 많이 한 편임을 알게 됐다. 마침 뒤늦게 사춘기도 와서 뭐든 공부만 빼고 다 경험하고 놀고 싶다는 마음이 커졌다.

시험 기간을 제외하면 나머지 시간에는 거의 수학만 공부했다. 다른 과목은 굳이 안 해도 시험 기간에만 집중해서 열심히 하면 어느 정도 내신 성적은 나왔기 때문이었다. 또, 과학고에서 유일하게 내가 다른 친구들보다 압도적으로 뛰어날 수 있는 과목은 수학이라고 생각했기 때문에 더욱더 수학에 집중하게 되었다.

그런데 고등학교 3학년에 들어서자 어쩔 수 없이 수학 공부를 좀 줄이고 수능 공부를 할 수밖에 없었다. 사실 수능에 나오는 내용은 당시의 나에겐 그렇게 어렵지 않은 수준이라 공부에 대한 의욕도 별로 생기지 않았다. 2~3개월만 열심히 공부해서 수능을 봐도 충분히 서울대에 갈 정도의 점수는 나올 것 같았다. 그래서인지 오히려 공부에 대한 열의가 떨어져 있었다.

당시 유행하던 스타크래프트라는 게임은 나에게 유일한 비상구이자 스트레스 해소법이었다. 그때 어머니가 식사비로 주신 돈이 너무 적었는데, 5천 원짜리 도시락을 점심과 저녁으로 사먹을 수 있게 그 가격의 딱 2배인 만 원을 주셨던 걸로 기억한다. 그 돈으로 500원짜리 초코 과자나 사발면을 사서 천 원 정도로 두 끼를 해결하고, 나머지 9천 원으로 PC방에 가서 친구들과 게임을 열심히 했다. 그러니 정작 남들은 공부한다고 고3 때 살이 찔 때 나는 하루 2끼를 천 원으로 때우고 게임만 했기 때문에 1년간 10kg 정도 체중이 빠졌다.

과학고 자퇴 결정은 어떻게 하게 되었나요?

우리나라는 출신 대학이 중요하니 나는 아이의 마지막 도착점이 꼭 서울대이기를 바랐다. 어떻게 보면 준석이 친할머니와 준석이 아빠, 그리고 나의 마지막 목표라고도 할 수 있겠다.

서울과학고를 다니던 어느 날, 준석이 반 대부분의 학생들이 단체로 같은 날 자퇴한 것을 알게 되었다. 준석이는 내신 성적이 좋아서 자퇴를 하지 않을 줄 알고 아이의 친구들이나 학부모들이 나에게도, 준석이한테도 같은 날 자퇴하자고 연락을 하지 않았던 것이다. 그때는 준석이를 자퇴시킬 생각은 없었다. 그 당시 담임선생님 또한 준석이 성적이 워낙 좋기 때문에 자퇴를 하지 않아도 서울대에 충분히 갈 수 있다고 말씀하시기도 했다. 그러던 중 준석이가 나한테 갑자기 이런 말을 했다.

"학교에 가면 공부만 하는 게 아니고 친구들과 놀기도 하고 대화도 하면서 즐거움을 찾았는데, 그런 친구들이 거의 다 자퇴를 하고 나니 학교생활이 즐겁지 않아 저도 자퇴를 하고 싶어요!"

실제로 학교에 남은 친구들은 2학년을 마치고 카이스트에 진학할 애들이랑 이미 경시대회에서 높은 성적을 받아 서울대에 특차로 합격이 확실시되는 애들밖에 없었다. 그런 상황에서 자퇴를 안 하고 학교에 남으면 맘 편히 얘기를 나누고 함께 스트레스를 풀 친구도 없고 같이 고3 시절을 보낼 친구도 거의 없을 것 같았다.

그 상태로는 홀로 외롭게 공부할 수밖에 없을 거라는 판단이 들어 고민 끝에 준석이를 자퇴시키기로 결심했다. 게다가 과학고 1년 선배들이 먼저 대성학원을 다니면서 공부할 환경도 비교적 잘 닦아놓은 터라 자퇴를 한 후에도 대성학원에서 공부한다면 문제는 없을 거라 생각했다. 그래서 준석이와 함께 학교에 자퇴서를 제출했다.

여기에서 잠시 당시 교육 제도에 대해 나의 의견을 얘기해보려고 한다. 당시 교육부는 특목고의 비교 내신 제도를 폐지시켰는데 이것으로 우리나라 교육을 몇 십 년 뒤로 퇴보시켰다. 앞에서도 얘기했듯이 나는 준석이를 포함해 순수하게 공부를 좋아하고 잘하는 아이들은 그런 아이들끼리 모아놓고 수준 높은 교육을 시켜야 국가적인 차원이나 그 아이들을 위해서도 더 효율적이고 성공적인 결과를 낳는다고 믿는다. 우리나라는 보유한 자연 자원이 없기 때문에 우수한 인력 자원을 잘 개발하고 활용하는 것으로 국력 강화의 승부를 봐야 한다고 생각한다. 교육을 잘 받은 그 인재들이 국가를 위해 일하고 자연 자원을 활용한 것 이상으로 우리나라를 더욱 발전시킬 수 있다고 본다.

체고나 체대는 아직까지도 혜택을 그대로 유지하고 심지어 병역 혜택까지 주면서, 예고나 과학고의 혜택은 일방적으로 빼앗아버리는 것은 오히려 지나치게 평등성을 강조한 나머지 소수의 권리를 침해하는 격이다. 진짜 평등은 개인의 능력을 인정해주는 것이다. 평등이라는 미명하에 능력 있는 아이들을 굳이 평범한 아이들과 똑같은 환경에 두어서 그 아이의 타고난 재능마저 제대로 발휘하지 못하게 한다면 교육적인 측면에서는 올바른 정책이 아닌 것 같다.

🎓 서울대를 가기 위한 선택이었어요

내신 문제 때문에 고2 때 서울과학고를 자퇴했다. 당시에는 언론에도 여러 번 보도가 될 정도로 꽤 유명했던 사건이었다. 서울대 입시를 치를 때 과학고를 포함해 특수목적 고등학교에 주던 비교 내신이 우리 바로 위 선배 때부터 3년간 없어지는 바람에 큰 혼란이 있었다. 그 3년간 한 학년이 180명이던 서울과학고 학생들 중 카이스트 같은 데로 2학년 때 진학한 학생들을 제외한 절반 이상, 우리 때는 무려 80% 정도의 학생이 서울대를 가기 위해서는 반강제적으로 자퇴를 할 수밖에 없었다. 그러니 나 역시도 교육 정책의 희생양이 되어야 했다.

아버지의 권유로 결국 전기공학부를 가기는 했지만, 이 시기의 나는 수학과를 지망하고 있었다. 요즘 수험생들이 생각하는 것처럼 의대 지망생은 결코 아니었기 때문에 최대한 자퇴를 하지 않고 과학고에 남아서 고3 생활을 보내고 싶기도 했다. 하지만 교육 정책이 갑자기 바뀌어버려서 나는 그렇게 들어오고 싶고 사랑했던 서울과학고에서 자퇴를 해야 서울대 수학과에 진학할 수 있는 상황이 되어버렸다. 결국 자의 반 타의 반으로 자퇴를 결정하게 되었다.

이 시기에 나는 서울과학고에서 2년이라는 시간을 보내며 평생 잊지 못할 좋은 친구들과 선후배를 만나 너무도 만족스러운 학교생활을 했다. 모교에 대한 만족도가 최고치에 달해 있을 때라서 솔직히 말해 서울대를 못 가게 되더라도 자퇴는 하기 싫었다.

하지만 친하게 지냈던 친구들의 절반 이상이 자퇴를 하고 텅 비어 있는 교실을 보면서 나만 이렇게 학교에 남아 있다가는 안 그래도 스트레스를 많이 받을 고3 생활이 더욱더 외롭고 힘들어질 수도 있겠다는 생각이 들기도 했다.

이 책을 쓰고 있는 지금 냉정히 생각해보면 그 당시로서는 현역으로 서울대에 가기 위해서는 잘한 선택인 것 같기는 하다. 하지만 솔직히 그때 어린 맘으로는 서울과학고를 졸업 못할 내 처지가 너무 싫었다. 그래서 자퇴하고 12월말 대성학원에 가기 전까지 한두 달간 집에서 혼자 독서실을 오고 가면서 방황을 했었다.

CHAPTER 6

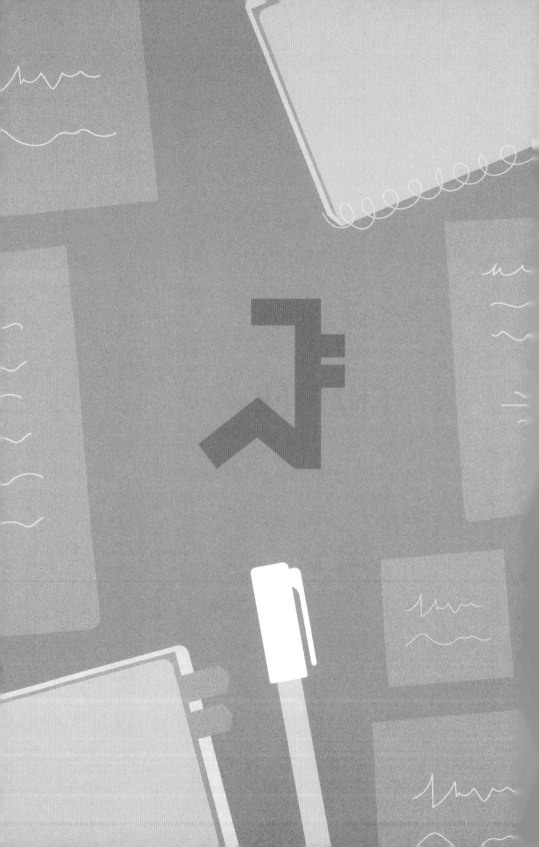

자녀 교육, 대학이 끝이 아니다

　　자식이 대학을 가고 나면 자녀 교육은 사실상 끝이라고 생각하는 분들이 많다. 물론 이 말도 틀린 것은 아니다. 하지만 과거와 달리 요즘은 고등학교를 졸업하고 스무 살이 되었다고 해서 자녀 교육이 정말로 끝나는 것은 아니다.

　　신체적인 성장은 대학에 입학할 무렵이 되면 다 끝나지만, 정신적인 성장이나 평생 해야 될 직업에 대한 선택과 진로 등의 결정은 오히려 대학에 입학할 나이인 스무 살이 되고 나서부터 본격적으로 고민하는 시대가 되어버렸다. 과거처럼 고등학교 때 평생 가야 될 진로나 전공을 선택하는 시대가 아니라 20대 중후반, 심지어 서른이 넘었다고 하더라도 언제든지 진로를 변경하고 직업을 찾는 시대가 된 것이다. 그러니 자녀 교육이 끝나는 나이도 자연스럽게 10대 후반이 아닌 20대 중후반으로 미뤄져 대학 진학 후에도 자녀를 면밀하게 살펴볼 필요가 있다.

나는 아이에게 손을 떼기로 마음먹으면 과감하게 확실히 떼는 스타일이다. 이제는 대학생도 되었고 앞으로 본인 공부나 진로 결정은 준석이 스스로 알아서 해야 한다고 생각해서 아이가 대학교에 간 이후에는 늘 한 걸음 떨어져 옆에서 보고만 있었다. 공부는 잘하고 있는지, 학점은 잘 나오는지에 대해서도 물어본 적도 거의 없었다.

또 대학생이 되고 나서는 자기가 알아서 과외로 생활비를 벌었기 때문에 등록금을 내주는 것 빼면 준석이는 돈 달라는 소리도 일절 하지 않았다. 그래서 준석이가 뭘 하고 노는지, 어떤 친구들을 만나는지에 대해서도 제대로 알 수 없었고, 또 이에 대해 별로 간섭하지도 않았다.

그러다가 갑자기 졸업반인 4학년 2학기 때 뜬금없이 준석이가 다시 수능을 봐서 의대에 가겠다고 선언했다. 깜짝 놀라 도대체 갑자기 왜 그러느냐고 물었더니 준석이는 다음과 같이 대답했다.

"과학고 친구 중에 물리경시대회 출신의 T라는 친구가 있어요. 함께 서울대 전기공학부에 들어갔는데, 그 친구를 보며 많은 생각이 들었습니다. 그렇게 공부도 잘하고 뛰어나며 열심히 사는 사람도 전기공학부 졸업 후의 미래가 밝지 않더라고요. 열심히 노력해 박사를 따더라도 삼성전자와 같은 회사에 들어가는 게 전부고, 그 안에서 임원까지 되기는 그야말로 하늘의 별 따기처럼 어려워요. 결국, 상대적으로 T보다 뛰어나지도 않고 열심히 공부하지도 않았던 저는 전기공학부 쪽 진로로 계속 나가면 잘 안 될 것 같다는 판단을 했습니다."

　처음에는 4년이나 전기공학부를 다녀놓고 이게 웬 뚱딴지같은 소리인가 했는데 준석이 말을 듣다 보니 그 말도 일리가 있어 보였다. 그래도 곧 졸업인데, 그냥 전기공학부로 계속 가는 게 낫지 않나 싶어서 아쉬운 마음에 주위 사람들 중 삼성전자 출신의 오빠 친구한테 준석이 진로에 대한 의견을 물어봤다. 그랬더니 삼성전자에 들어가서 열심히 노력해 CEO가 되면 연봉이 진짜 말도 안 되게 높으니 그냥 전기공학부에 있지 왜 그러냐는 대답을 들었다.

　내가 듣기에 그 말도 일리가 있었다. 또 수능 공부한 지 4년이나 지났는데 과연 다시 공부해서 의대에 갈 수 있을까 의문이 들기도 했다. 하지만 다 큰 자식 길을 막을 방법은 없었다. 그래서 너 하고 싶은 대로 한 번 해봐라 했더니 그때부터 몇 개월간 바짝 열심히 수능 공부를 해서 결국 서울대 의대에 들어갔다.

　준석이한테 의대를 들어가서는 뭐하고 싶으냐고 묻자 옛날만큼 죽어라 공부만 하고 싶지 않다고 했다. 놀 거 놀면서 즐길 거 즐기면서 공부하고 싶다는 얘기였다. 그래서일까? 정확히 알지는 못하지만 의대 때 성적이 그렇게 좋지는 않았던 것 같다.

내가 행복할 수 있는 평생 직업을 찾기 위한 과정이었어요

어머니의 말씀이 대부분 맞다. 다만 어머니한테는 젊은 나이에 미국으로 유학 가서 친구들도 제대로 만나지 못하고 군인처럼 5년 이상의 시간을 전기공학부 석박사를 따는 데 보내기가 싫다는 얘기를 하지 못했다. 왠지 그렇게 얘기하면 어머니는 진로를 바꾸는 걸 절대 찬성하시지 않을 것 같았다.

그래서 그 이야기는 빼고 전기공학부에 계속 있으면 계속해서 최상위권의 성적을 유지할 자신이 없다고 얘기했던 기억이 난다. 물론 그런 이유도 어느 정도는 있었지만, 사실 열심히 해서 최상위권의 성적을 유지하더라도, 20대 중후반의 시절을 오로지 석박사 학위를 위해 머나먼 타국에서 보내고 싶지는 않아 진로를 바꾸기로 결심한 것이다.

그런데 몇 년 후 또 치대에 가겠다고 했다면서요?

그렇게 또 6년간 의대를 다니고 나서 의사면허를 따고 졸업할 때쯤에 바로 인턴을 하지 않고 의사면허로 군대를 먼저 가야겠다고 하더니 준석이는 곧장 공중보건의로 갔다. 공중보건의는 전국 각지로 가는 거라 되도록 서울이랑 멀지 않고 좀 편한 곳에 가기를 바랐는데, 안타깝게도 준석이는 경상북도 청송에 있는 청송교도소로 가게 되었다.

의대 다닐 때는 정말 바쁘게 학교 공부에만 매달려 살았는데 군대 가서 공중보건의사 생활을 할 때 보니까, 지방에 있기는 했지만 지금까지 준석이 인생 중에 가장 여유 있고 편해 보였다. 그런데 바로 그때 나 모르게 다시 치대를 가려고 공부를 하고 있었다. 나는 나중에 준석이가 치대에 합격한 후에야 그 사실을 알게 되었다.

이미 의대도 늦게 들어갔고 본인이 나이가 너무 많으니까 공중보건의사 근무를 하면서 치대 시험공부를 같이 병행하려던 모양이었다. 그런 앞뒤 사정을 몰랐던 나는 의대에 간 지 몇 년 만에 다시금 또 치대에 간다고 말해서 너무 기가 차고 어이가 없었다. 이제는 나이가 너무 많고 시간적으로도 늦어도 너무 늦지 않았냐며 아이를 나무라기도 했다. 그러자 본인도 그걸 알았는지 치대는 등록금도 내주지 않아도 되고 생활비도 본인이 의사면허로 밤에 일하고 낮에 학교 다니면서 다 알아서 하겠다며 호언장담을 했다.

이미 학교까지 합격한 이상 반대할 이유는 없었다. 그래서 그냥 네마음대로 하라고 승낙해야만 했다. 대신 준석이 말대로 학비든 생활비든 네가 벌어서 알아서 하라고 한 뒤 한 푼도 지원해주지 않았다. 그래서 준석이는 낮에는 학생으로 학교를 다니고 밤에는 의사로 응급실이나 요양병원으로 가 잠도 제대로 못 자면서 일을 하곤 했다.

처음 전기공학부를 다닐 때도, 의대를 다닐 때도, 그리고 마지막으로 치대에 들어갔을 때도 난 준석이가 공부를 열심히 하는지, 안 하는지 잘 몰랐다. 이미 성인이 된 아이이기 때문에 성인으로서 존중해주고 지켜보기만 했기 때문이다. 하지만 지금 와서 생각해보면, 대학생이어도 아직은 사회생활 경험을 한 번도 해보지 않은 애인데, 대학 졸업 후의 진로 같은 건 미리미리 얘기했어야 하지 않았나 싶다. 너무 간섭을 안 하고 얘기를 들어보지 않아서 준석이가 저렇게 다 혼자서 결정하다 보니 너무 오래 학교를 다닌 게 아닐까라는 생각도 든다.

🎓 내 인생을 찾는 데 시간은 그리 중요하지 않아요

의대에서 치대로 전공을 다시 바꿨을 때에는 나름 그 선택이 마지막 선택이었기 때문에 후회를 남기지 않기 위해 많이 노력했다. 낮에는 치대를 다니고 밤에는 의사면허로 당직 업무 등을 하면서 정말 바쁘게 열심히 살았던 기억이 난다.

많은 사람들이 나에게 일찍부터 의대나 치대를 갔으면 시간 낭비도 하지 않고, 좀 더 빨리 의사와 치과의사가 되지 않았겠냐는 얘기를 한다. 하지만 전기공학부 4년과 의대 6년의 시절이 나에게는 결코 헛된 시간만은 아니었다.

전기공학부 4년 동안 나는 내가 가장 좋아하는 과목이 수학과 물리라는 걸 다시 한 번 깨달았지만, 한편으로는 좋아하는 것만으로는 인생에서 행복을 찾을 순 없다는 것 또한 정확히 알게 되었다. 또, 의대의 6년간 시절이 있었기 때문에 나에게 제일 잘 맞고 내가 제일 행복할 수 있는 직업은 대학병원의 교수나 수많은 사람의 생명을 살리는 전공의가 아니라, 상대적으로 실수에 대한 스트레스가 적은 전공의 개업의임을 정확히 알게 되었다.

그래서 전기공학부와 의대의 10년간 대학생활을 절대 낭비의 시간이라거나 헛수고라고 생각하지 않는다. 비록 남들보다 조금은 돌아갔을지 모른다. 하지만 그렇기에 더욱더 확실하게 나라는 사람이 어떤 일을 할 때 제일 행복한 사람이고, 나에게 평생 어울리는 직업은 무엇인지를 정확히 알게 된 소중한 시간이었다.

남들보다 몇 년 뒤처지는 게 싫어서 또는 여러 환경적인 제약때문에, 본인이 진정으로 행복하고 좋아하는 진로로 나아가거나 직업을 가지지 못한 채 평생을 사는 사람들이 내 주위에도 많이 있다. 그런 사람들과 비교했을 때 나의 인생은 비록 대학생활을 14년이나 해서 조금 늦어졌을 뿐, 절대 모자라거나 부족한 인생이라고 생각하지 않는다. '중요한 것은 양이 아니라 질'이라는 명제는 인생에서도 그대로 적용된다고 생각한다. 원치 않는 직업을 가지고 행복하지 않은 인생을 30년 사는 것보다, 내가 원하는 직업을 가지고 하는 일에 만족하며 행복하게 사는 10년의 인생이 훨씬 더 가치 있고 의미 있다고 생각한다.

엄마로서 그 시절 서툴렀다고 생각되는 것이 있나요?

후회되는 건 아이들에게 칭찬이 인색했다는 것이다. 앞에서 말했듯이 친정아버지는 본인의 자식이라면 무엇이든 잘 해내는 게 당연하다고만 생각해 자식들에게 칭찬하는 것이 많이 인색했다. 그걸 그대로 내가 닮아버렸다. 선천적으로 부끄럼이 많아서 더 그랬다. 아무리 상대가 아들이어도 누군가에게 칭찬을 하는 일이 그냥 쑥스러웠다.

그러다 교회를 다니면서 옆 사람에게 "사랑합니다" 이런 말을 오랫동안 하다 보니 지금은 누군가에게 그런 표현을 하거나 칭찬을 하는 게 많이 자연스러워졌다. 이걸 내가 젊었을 때 경험했다면, 아이들에게 칭찬도 많이 해주고 그랬을 텐데 아쉬움이 남는다.

그래서 많이 늦긴 했지만 이제는 가급적 칭찬만 해주려 한다. 지금은 누군가를 칭찬하는 게 부끄럽지 않다. 준석이가 어렸을 때부터 대학 갈 때까지 엄마로서 칭찬에 인색해서 아이가 좀 불만이었을 것이다.

앞에서도 얘기했지만 내가 중학교 때부터 통영에서 부산, 서울로 중고등학교를 유학을 가서 어린 10대 나이에 가족과 떨어져 혼자서 지낸 시간이 많았다. 그러다 보니 누구에게 간섭받고 살지도 않았고 나도 다른 사람을 간섭할 일이 없었다. 그게 몸에 배어 지금도 누구한테 이래라저래라 간섭을 잘 하지 않는다.

결혼하고 나서도 평생 남편에게 별다른 잔소리를 한 적이 없다. 준석이한테도 그랬다고 생각하는데 그래도 준석이는 엄마가 자기 일에 많이 간섭하고 혼냈다고 여긴 것 같다. 초등학교 저학년까지는 부모가 자식일에 간섭하는 게 당연하다고 생각한다. 다만, 다시 그때로 돌아간다면 아이를 조금 더 따뜻하게 보듬어주고 싶다는 생각을 종종 한다.

🎓 20살 이후의 인생은 본인이 선택해야 합니다

과거 우리 부모님 시절에는 고등학교를 졸업하고 전공을 선택해서 대학에 입학을 하면, 그 전공으로 공부를 해서 대학을 졸업하고 직업을 가지는 경우가 대부분이었다. 그 시절에 있던 '평생 직장'이라는 단어도 근면성실함을 뜻했고, 진로를 바꾸거나 직장을 바꾸는 건 뭔가 바람직하지 못하다는 인식도 있는 시절이었다.

하지만 요즘은 본인의 필요에 따라 진로를 바꾸고 이직을 하는 것에 대해 거부감도 없고, 전혀 이상하게 생각하지 않는 시대가 되었다. 고등학교를 졸업하고 처음 대학에 들어갔더라도 너나은 전공과 대학을 위해서는 재수든 삼수든 언제든지 다시 입시에 도전하는 것이 자연스러운 모습이 되었다. 실제로 인기 학과나 명문대 입학생들은 과거와 달리 나이가 많은 장수생들을 찾아보기 아주 쉬운 시대가 되었다.

그렇기 때문에 이 글을 보는 학생들도 처음 들어간 대학과 전공으로 평생을 살아갈 생각을 하실 필요는 없다. 특히나 전공이 본인과 맞지 않는다는 생각이 들거나 대학교에 입학한 후 20대 초반 시절을 보내면서 더 나은 학교나 마음에 드는 전공을 선택하고 싶은 생각이 든다면, 30대 초중반에도 단호하게 전공을 바꿈 나처럼 다시 입시에 도전해보는 것도 좋다.

사실 스무 살이 되기 전 고등학교 3학년까지, 본인이 진짜 어떤 일을 할 때 행복한 사람이고 어떤 성향을 갖고 있는지 어떤 일이 적성에 맞는지 정확하게 알 수 있는 사람은 거의 없다. 특히나 우리나라처럼 초등학교, 중학교, 고등학교의 교육과정이 공부에만 초점이 맞추어져서 공부 이외의 다양한 활동을 학교를 다니면서 하기가 힘든 상황에서라면 더욱더 그렇다.

나 역시 내가 진짜 어떤 일을 할 때 행복한 사람이고, 어떠한 일에 적성이 맞는지를 정작 서울대학교 전기공학부에 입학하고 2~3년이 지나고서야 정확히 깨닫게 되었다. 아무리 고등학교 시절 진지하게 자신에 대해 탐구하고 자아성찰을 하더라도, 성인이 되고 대학교에 들어와서 다양한 사람을 만나고 공부 이외의 여러 활동을 하기 전까지는, 20년 동안 미처 모르고 있던 자신의 모습이 나 역시도 분명히 있었던 것이다.

이 책을 읽는 학생들도 분명 그러한 여러분의 모습이 있을 것이다. 현재 여러분이 다니고 있는 학교나 전공이 자신의 진짜 모습과 맞지 않는다는 생각이 든다면 나이가 들었다고 해도 스스로 인생의 경로를 바꾸기 위해 다시 수능 공부를 하거나 다른 직업을 위해 재도전해야 한다고 생각한다. 한 번뿐인 인생을 사는데 있어 본인이 가장 원하고 바라는, 그리고 자신에게 제일 잘 맞는 인생 경로와 직업을 향해 나아가는 것이 행복한 인생을 위해 제일 중요한 요소가 될 것이기 때문이다.

아이들이 내 교육에 잘 따라 와주고 성적도 좋아서 힘든 줄 모르고 하루하루 최선을 다해 살았다. 바쁜 나날들이었지만 아이들을 옆에서 돌보는 것이 그저 행복하고 즐거웠다.

그러던 중 준석이가 중학교 1학년이 되었을 때 다른 시험은 늘 1등이었는데, 예체능 실기 점수가 들어가는 시험에서는 전교 1등을 못해 담임 선생님에게 상담을 한 적이 있다. 내 얘기를 가만히 듣던 선생님은 음악, 미술, 체육선생님과 식사를 한 번 하라고 조언했다.

담임선생님의 조언에 따라 선생님들을 한 분씩 만나 뵙던 도중 음악 선생님이 그 당시 다니던 교회에서 곧 집사가 된다는 사실을 알게 되었다. 이를 공고히 하려면 5명을 교회에 추가로 등록시켜야 하는데, 선생님이 나를 덜컥 그 교회에 등록시켜 버렸더랬다.

그 일로 얼렁뚱땅 교회에 다니게 되었지만, 당시 준석이 학업 문제로 스트레스를 조금 받고 있었던 터라 교회에서 열심히 기도를 하며 마음을 다잡았다. 자녀 교육에만 매달리느라 별다른 취미도, 마음속의 스트레스를 풀기 위한 방법도 별로 없어 힘든 마음을 참기만 할 때, 우연찮게 찾게 된 종교라는 좋은 쉼터 덕분에 잘 극복한 것 같다.

🎓 힘들 땐 나도 모르게 기도했어요

사실 할머니가 천주교 신자이셔서 어렸을 때 할머니를 따라 성당에 가 본 경험이 있어 교회가 비교적 친숙하다. 또 아버지가 강원도 태백에서 공중보건의사를 하실 때 2년간 다녔던 유치원이 기독교 재단이기도 했고, 중학교가 미션 스쿨이다 보니 힘들고 지칠 때 나도 모르게 기도를 하고는 했었다.

그러다가 민족사관고와 서울과학고 복수 지원 문제로 중학교 3학년 때 힘들어하니까 어머니가 집 근처에 어머니 친구분들도 다니고 있던 광성교회를 가보자고 해서 갔다. 기도를 하니 마음도 편해지고 공부에 집중도 할 수 있어서 그 이후에도 어머니한테 큰 시험을 앞두고는 같이 교회를 가자고 말씀드렸다.

고3 때 수능을 보고 난 이후에도 기도도 하고 마음도 가라앉힐 겸 교회에 가곤 했다. 사실 교회는 스물세 살 때부터 꾸준히 다니기 시작했는데 그 전에는 공부를 해야 하기도 했고, 일요일 오전에 늦잠을 잤기 때문에 성실하게 가지는 못했다.

나의 입시 과정에는 나조차도 기대하지 않았던 여러 운들이 따랐는데, 개인적으로는 이게 하나님의 조력이 아닐까 하는 생각도 한다. 같은 실력, 같은 노력을 한 여러 지인들은 시험에서 떨어지거나 좋지 않은 결과를 얻는 경우도 많은데, 유독 나만은 여러 우여곡절이 있어도 결국 마지막에는 합격이라는 좋은 결과를 받고 일이 잘 풀리는 경우가 자주 있었기 때문이다.

내가 시험에서 좋은 성적을 얻고, 서울대를 세 번이나 가고, 서울대 의대와 치대를 다 졸업한 것이 온전히 내가 열심히 공부하고 노력하고 잘나서 얻은 것이 아님을 이미 입시를 여러 번 치르면서 절실히 느끼게 되었다. 그렇기 때문에 사실 자만하고 싶어도 자만할 수가 없다. 과학고를 다니고 의대와 치대를 다니면서 나보다 머리 좋고 공부 잘하고 노력을 많이 하는 사람은 차고 넘치게 많다는 것을 동기, 선후배들을 바로 옆에서 지켜보면서 너무나도 확실히 알게 되었기 때문이다.

그래서 본의 아니게 '공부의 신' 같은 이미지로 유튜브에서 조금이나마 알려진 것도, 이런 책을 내는 것도, 아직까지 민망하기만 하다. 그럼에도 불구하고 이렇게 책을 쓰는 건, 이러한 나의 경험들이 행여 누군가에게 조금이나마 도움이 된다면, 나의 민망함 따위는 얼마든지 감수할 만한 가치가 있다는 것을, 그동안의 경험으로 알게 되었기 때문이다.

 ## 어떻게 하는 것이 자녀 교육을 잘하는 것일까요?

내가 자녀 교육을 잘했는지는 잘 모르겠다. 다만 자식들 둘 다 우리나라에서 내로라하는 대학을 나와 각자 하고 싶어 하는 일을 하며 살 수 있게 도와준 것은 스스로 만족스럽게 생각한다.

자녀를 교육시키는 데 있어서는 예나 지금이나 엄마의 영향이 클 수밖에 없다. 아무리 등하교를 도와주고 간식도 챙겨주는 도우미를 고용하고 옆에서 공부를 도와줄 좋은 선생님을 쉽게 찾을 수 있는 시대라고 해도 누구보다 아이를 잘 알고 잘 지도할 수 있는 사람은 엄마이기 때문이다.

그러므로 아이가 자랄 때 가급적 엄마가 아이 옆에서 발달단계나 성향 등을 면밀히 파악하고 그에 맞춰서 적절하게 교육 방법을 찾는 것이 좋다고 생각한다. 이건 아무리 큰돈을 들여도 아무리 좋은 환경을 만들어줘도 엄마를 대신해 누군가가 완벽하게 대체할 수 없는 부분이기 때문이다.

그런 점에서 맞벌이 부부가 흔한 요즘은 아이 교육에 있어서는 아쉬운 상황이다. 물론 어느새 필수가 되어버린 맞벌이는 경제적인 이득뿐 아니라 여성의 자아실현 측면에서도 충분히 좋은 현상이라고 본다. 과거에 결혼과 함께 고등학교 수학 교사의 길을 접은 내가 바라보기에도 부러운 점이다. 하지만 아이의 교육 측면에서만 한정하면, 엄마는 가급적 아이가 초등학교에 입학하고 자신만의 공부 방법을 찾고 공부 의지를 가지는 열 살 무렵 정도까지는 옆에서 올바르게 교육시키기 위해 신경을 집중하는 것이 좋다고 생각한다. 단순히 정보 입수가 빠르고 돈을 많이 쓴다고 해서, 모든 아이가 공부를 잘하는 아이로 성장할 수는 없기 때문이다.

그렇다고 너무 아이에게 집착하듯이 매순간 모든 것을 알아야 한다는 뜻은 아니다. 우리가 가족 여행으로 유럽을 갈 때 그 여행 패키지에서 만난 M이라는 애가 있었다. 그 엄마는 아들이 하나라 그런가 하나부터 열까지 아들에 관해서는 다 알고 있었다. 하지만 나는 그게 별로 좋은 것 같지도 않고 그럴 필요도 못 느꼈다. 애들이 어디 가서 뭘 하는지 전체적으로는 알되 가서 무슨 말을 했는지 어떻게 했는지 하는 세세한 사항까지는 알 필요가 없다고 생각했다.

아무래도 요즘은 아이가 하나인 가정이 많기도 하고, 아이와 밀접한 관계를 갖는 게 중요하다는 생각 때문에 아이의 모든 걸 파악하고 싶어 하는 엄마들이 많은 것 같다. 나도 준석이가 알아서 잘했지만, 학교나 학원 생활 중 사소한 얘기는 잘 안 해서 알고 싶기는 했다. 하지만 중요한 건 내 아이를 믿어주고, 내 아이가 원하는 스타일을 존중해주는 거다. 부모는 아이가 잘못된 방향으로 가려고 하거나 힘든 점이 있을 때 도와주는 존재이지, 하나부터 열까지 아이에게 지시하며 무작정 끌고 가는 존재가 아니다. 그렇게 하면 잘될 아이도 안 되고 엇나갈 수 있다고 생각한다.

준석이처럼 큰 틀만 잡아주면 알아서 잘하는 아이는 그냥 아이의 스타일을 존중하고 믿어주어 알아서 하게 놔둘 필요도 있다. 아이의 성향이나 성격, 스타일에 부모의 시도 방식을 맞춰야지 부모의 지도 방식에 아이를 맞추려 하고 고치려고 하면 탈이 난다.

🎓 아이에게는 어머니가 최고의 선생님입니다

나도 어머니의 의견에 동의한다. 아무리 좋은 학원을 보내고 좋은 과외선생님을 붙여주더라도 초등학교에 들어가기 이전부터 초등학교 저학년인 3학년 정도까지는, 아이에게 공부 습관을 길러주고 공부에 대해 거부감을 가지지 않고 자발적인 의지와 끈기로 공부를 할 수 있게 동기 부여를 해줄 수 있는 대상은 어머니밖에 없다. 나 역시 처음부터 스스로 공부에 대해 동기 부여가 강력하게 되고, 그래서 스스로 공부를 열심히 하지는 못했다.

아직 열 살도 채 안 된 어린 아이는 달콤한 과자를 먹고 싶어하고 친구들과 나가 놀고 싶어 할 수는 있지만, 스스로 그런 욕구를 참고 책상에 앉아 오랜 시간 성실하게 책을 읽고 공부할 수는 없다. 아무리 공부에 대한 재능을 타고나고 머리가 좋은 자녀라고 할지라도, 어린 나이부터 책상에 진득하게 앉아서 책을 읽고 공부를 할 수 있게 만들어줄 수 있는 사람은 어머니밖에 없는 것 같다.

그렇게 어머니가 반강제적으로라도 아이에게 공부 습관을 길러주고 열심히 공부를 해서 좋은 성적을 얻었을 때의 성취감을 느끼게 해주어야만, 그 아이는 나이가 들어감에 따라 스스로의 의지와 끈기로 성실하게 공부할 수 있는 공부 습관을 들이고 공부를 잘하는 아이로 성장해나갈 수 있다. 심지어 수학이든 영어든 공부에 대한 재능과 흥미를 타고나더라도 어렸을 때 이러한 '공부 습관'을 부모님이 길러주지 않는다면, 본인의 타고난 재능조차 제대로 발견하거나 성장시키지 못하고, 공부를 싫어하고 못하는 아이로 성장할 수도 있다.

계획한 대로 아이가 잘 커주었나요?

아이가 어릴 때 장래에 대해 구체적으로 계획을 세운 건 없다. 나도 남편도 공부를 잘하는 편이긴 했지만 서울대는 못 갔다. 그래서인지 서울대를 가는 것에 끌린 것은 사실이다.

준석이 할머니인 시어머니께서 숙명여대 약대 1회 졸업생이시다. 생활력도 강하시고 교육열도 강한 분이셔서 본인이 약국을 운영하시면서 준석이 아빠 공부도 시키며 여러 가지로 열심히 뒷바라지하셨다.

남편이 중·고등학교 내내 공부를 잘했는데, 실전 시험 때만 되면 긴장하고 제 실력대로 시험을 치지 못해서 경기고도 서울대도 계속해서 떨어졌다고 들었다. 그래서 준석이가 초등학교 1학년 때부터 공부를 잘하니까, 지나가는 말로 시어머니께서 "준석이가 서울대 가서 준석이 아빠가 못 풀어준 내 한을 풀어주면 좋겠다"고 말씀하셨다.

동생인 준용이는 준석이와 달리 타고난 머리는 좋지만, 성실하게 공부하는 타입은 아니었다. 형과는 다르게 공부 외적인 거에 관심이 더 많았다. 또 알아서 공부를 열심히 하는 스타일도 아니었다. 그렇기 때문에 준용이한테는 좀 더 격려도 해주고 공부를 열심히 하라고 채찍질도 하고는 했다.

그런데 준석이에게는 그렇게 다그치거나 목표를 높게 잡으라고 말한 적이 없다. 준석이는 초등학교 4학년 무렵부터는 시키지 않아도 본인이 1등을 놓치지 않으려고 스스로 공부를 열심히 했다. 오히려 너무 과하게 공부를 하는 것 같아서, 걱정이 되어 좀 쉬엄쉬엄 하고 너무 1등에 집착하지 말라며 조언하고는 했다.

🎓 나도 어머니처럼 자식을 가르칠 것 같아요

어렸을 때부터 어머니께서 "준석아, 네가 자식을 서울대에 못 보낸 할머니의 한을 풀어드려야 된다"고 하셨던 기억이 있다. 친할머니가 나에게 말씀하시기로는 어머니가 결혼 전에 할아버지, 할머니한테 손자는 꼭 서울대를 보내드리겠다고 자신만만하게 얘기했었다고 들었다.

난 항상 어머니한테 감사한 마음을 가지고 있다. 물론 열 살도 안 된 어린 아이가 그런 부담을 가지고 공부를 했다는 것은 분명 꽤 어려운 일이었지만, 그런 마음으로 공부하면서 서서히 그런 부담감마저도 극복해나갔기 때문에, 오히려 스무 살 이후 성인이 되어서 공부 외적으로 어떤 일이 생겨도 무너지지 않는 강한 멘탈을 가지게 된 게 아닐까 싶다.

물론 그 당시에는 공부 자체만으로도 힘든데 집안 장손으로서의 부담까지 안고 공부를 잘해야 된다는 것이 너무 힘들고 가끔 어머니가 원망스러울 때도 있었다. 하지만 지나고 보면 인생을 사는 데 필요한 강한 멘탈을 기르는 데 좋은 예방접종이 된 것 같다. 결과적으로는 보시다시피 다행히 잘 풀려서 해피엔딩이 되기도 했고 말이다.

사실 어머니 입장에서는 열 살도 안 된 어린 아이한테 그냥 공부 열심히 하라고 하면 그다지 동기 부여가 되지 않을 수도 있기 때문에 당시에는 가장 잘 설득될 것 같은 '할머니의 소원' 같은 것을 빌미로 공부를 열심히 하라고 얘기하셨던 것 같고, 사실 나도 자식을 낳아 키우게 되면, 그렇게 얘기할 것 같기도 하다.

 ## 아이들이 다 서울대에 가기를 바라셨나요?

둘째 준용이도 서울대에 들어가면 좋겠다는 생각은 했다. 준석이와 비교해서 그렇지 준용이도 성적이 꽤 괜찮았기 때문이었다. 실제로 조금만 더 노력한다면 서울대에 붙을 성적이었다.

준용이가 고3일 때는 수시로 먼저 원서를 넣는 제도가 있었다. 어떻게 해야 원서를 잘 넣을 수 있을까 고민하던 차에 외출을 하고 돌아오니 아이들이 방에서 컴퓨터를 하고 있는 모습이 눈에 들어왔다. 준석이와 준용이를 바라보던 나는 수시로 서울대 수의대에 원서를 넣자는 말을 부심코 하고 말았다.

그런 나의 말에 아이들은 의아한 표정을 지으며 "엄마, 거기에 원서 넣으면 애들이 웃어요!"라고 대답했다. 실제로 그 당시만 하더라도 한국에서는 일반인들이 지금만큼 수의학과를 알아주지 않았다. 아이들 말에 납득을 한 나는 고개를 끄덕이며 알겠다고 했지만, 혹시 몰라 미국에 있던 친척 언니에게 전화를 걸었다. 그리고 자연계열에 괜찮은 학과가 무엇이냐고 물어보면서 수의학과는 미국에서 어떤지, 전망은 어떠한지를 물어봤다.

돌아온 말은 굉장히 의외의 대답이었다. 당시 미국 내에서는 오직 국립대에만 수의대가 있어 경쟁률이 높고 합격하기 매우 어렵다는 것이었다. 게다가 수의학과 전망이 매우 좋아서 한국에서도 앞으로는 인식이 더 좋아지지 않겠냐는 조언까지 들었다.

친척 언니의 긍정적인 답변에도 불구하고 준용이의 1차 지망은 공대였다. 하지만 막상 입시 시즌이 되자 아이도 나도 점점 자신이 없어졌다. 그래서 준용이에게 "우리 수의대에 넣을까?"라고 묻자 잠시 망설이던 아이도 고개를 끄덕이며 그러자고 했다.

사실 아이 성적에 비해 조금은 낮춰서 지원을 한 상태라 난 당연히 준용이가 서울대 수의학과에 붙을 거라고 확신했다. 그래도 안심할 수는 없었다. 서울대는 2차에서 논술로 합격이 결정되는 입시 구조였기 때문에 수능 점수가 높아도 논술 공부는 열심히 해야 했기 때문이었다.

그런데 준용이가 방심을 했는지 논술 공부를 그다지 열심히 안 한 모양이었다. 합격자 발표 날이 되어 결과를 확인해보니 당연히 합격일 줄 알았는데 불합격이었다. 그러자 뒤늦게 후회가 몰려왔다.

괜히 수의학과에 원서를 넣었나?
당연히 붙을 거라고 생각했는데!
그동안 간절히 기도한 것은 대체 뭔가!

그렇게 자꾸 시간은 흐르고 끝끝내 추가 합격 연락이 오지 않자 난 결국 대성학원 재수생반에 준용이를 등록시켰다. 그랬는데 2월말쯤에 학교 측에서 추가 합격했다고 연락이 왔다. 알고 보니 우리 준용이가 대기 3순위였던 것이다. 그렇게 준석이와 준용이 다 한 번에 서울대에 합격했다. 지금 생각해도 참 다행이라고 생각한다.

🎓 동생도 서울대 출신이에요

동생이 수능을 보고 입학하던 2001년 그 당시에 황우석 전 교수 때문에 서울대 수의대의 이미지가 꽤 좋아져 있을 때였다. 당시 내 기억에 배아복제가 가능하다는 이야기가 나와서 언론에서도 꽤나 주목을 받았었다. 물론 그 후에 윤리적인 건 물론이고 과학적으로도 대국민 사기극임이 들통나버렸지만 말이다. 그래서 아마 어머니가 인서울권 의대를 가기에는 좀 부족한 점수를 받은 동생이 서울대 공대를 가는 건, 적성이나 흥미상 맞지 않을 거라고 생각해서 그 차선책으로 수의대를 권했던 거라고 생각한다.

 뒤늦게라도 의대에 간 것이 의사인 아버지의 영향이 있다고 보시나요?

준석이가 고등학교 다닐 때 과학고 선배 엄마가 교회에서 '1천 번제'를 하고 있었다. 자기가 간절히 바라는 소원을 하나님께 빌면서 기도를 하는 과정이었는데, 그 선배 엄마 따라 교회에 가서 나도 같이 '1천 번제'를 하면서 거기에 소원으로 제일 먼저 의대 입학을 썼다. 그 기도를 하다가 이사를 가서 더 이상 그 교회를 가지 못했는데, 둘째까지 서울대를 보내고 자녀 교육 문제가 어느 정도는 성공적으로 마무리가 되다 보니 그렇게 기도를 한 것을 까맣게 잊고 있었다.

준석이가 입학 원서를 쓸 때는 남편이 준석이는 머리가 좋으니 의사보다 다른 직업이 좋겠다고 해서 의대는 제쳐두었다. 사실 남편 본인이 의사 일을 위해 너무 힘들게 수련을 받았고, 또 개업의사로 일할 때도 이런저런 힘든 일이 많아서 의사라는 직업을 권하고 싶어 하지 않았다.

그래서 서울대 공대 출신의 카이스트 교수인 남편 친구에게 아이 진로 상담을 한 적이 있다. 들어보니 앞으로 삼성그룹이 한국을 이끌 것이라고, 삼성에 취직도 할 수 있고 유학도 갈 수 있는 공대를 갔으면 좋겠다고 조언을 해주었다. 그래서 고민 끝에 공대를 지원하게 되었다.

사실 그 당시에 준석이는 수학과에 가고 싶어 했다. 중학교 때부터 수학경시를 하면서 수학이라는 과목에 대해 흥미를 느꼈고, 본인도 재능이 있다는 것을 알고 있어서 그랬던 것 같다. 그런 준석이에게 수학과를 가면 취직이 어려울 수도 있으니 수학을 공부할 수 있고 취직하기에도 좋은 전기공학부를 권했다. 준석이는 아빠 말은 다 믿고 따랐었기 때문에 별다른 반발 없이 전기공학부에 진학했었다.

그런데 4년이 지난 후, 앞서 말했듯이 전기공학부를 졸업할 무렵에 준석이가 대뜸 다시 수능을 봐서 의대를 가겠다고 했다. 처음에는 황당했지만 가만히 생각해보니 4~5년 전의 교회에서 한 내 기도의 첫 번째가 의대였다는 것이 떠올랐다. 그냥 아빠가 의사였으니까 아빠 따라서 의사가 되면 좋겠다는 생각에 '서울대 의대에 가게 해주세요'라고 기도했는데, 그게 시간이 지나서 실현된 것 같다는 생각이 들었다.

결국 지나고 보면 이런저런 우여곡절을 겪어도 다 하나님 뜻이 아닐까라는 생각이 든다. 그래서 4년이나 늦게 들어가는 거지만 준석이 뜻도 있고 그래서 그냥 서울대 의대에 다니라고 했다.

🎓 의사는 제 꿈이기도, 어머니의 꿈이기도 했네요

내가 고3 현역일 때 어머니가 의대 입학을 원했다는 건 처음 안 사실이라 매우 놀랍다. 나는 어머니도 아버지처럼 내가 수학에 재능이 있고 잘하니 수학과나 공대에 가서 미국으로 유학 가서 박사를 따고 그 후에도 한국에 귀국하지 않고 미국에서 일하고 살면서, 넓은 세상에서 좀 더 자유롭고 멋지게 살길 바라시는 줄 알았다.

아버지는 어렸을 때부터 늘 이렇게 말씀하셨다.

"의사는 본인은 힘들고 주위 사람들만 행복한 직업이니까, 준석이 너는 네가 행복한 직업을 가졌으면 좋겠다."

추가로 우리나라는 너무 좁으니까 땅덩어리도, 인간관계도, 가급적 큰 미국 같은 넓은 세상에 가서 살면 좋을 것 같다고 얘기하셨던 기억이 난다.

아버지의 말씀이 의사가 된 지금 생각해보면 아주 틀린 말은 아닌 것 같다. 하지만 그럼에도 불구하고 나는 행복한 의사가 되려고 지금도 열심히 노력 중이기도 하고, 결정적으로 좁은 한국이 좋았다. 아무리 좁고 그래서 스트레스가 있어도 내가 태어나고 자란 곳이고, 내가 친하게 지내는 가족이나 친구들이 있는 곳은 결국 한국일 테니까 말이다.

아무튼 그래서 내가 그 들어가기 어렵다는 서울대 의대를 합격하고 간다고 했을 때, 아버지는 당연히 이제 서울대 전기공학부 졸업하고 유학갈 줄 알았는데 무슨 뚱딴지같은 소리냐면서 엄청 화를 내셨던 기억이 난다. 어머니도 아버지 정도는 아니어도 4년의 시간이 너무 아깝지 않으냐면서 꼭 다시 1학년으로 의대를 들어가야겠냐고 하시면서 그다지 좋아하시지 않았던 걸로 기억한다. 그런데 어머니가 애초에 내가 의대 가기를 기도했다는 사실은 처음 알았고 상당히 뜻밖이다. 그때도 그냥 내 생각에 어머니는 다른 대치동 어머니들이랑 비슷한 분이니까, 이러니저러니 해도 서울대 전기공학부보다 더 성적 좋은 애들이 많이 가는 서울대 의대에 간 게 속으로는 그렇게까지 맘에 안 들지는 않으시겠지 정도로만 생각했었다.

지금 와서 어머니의 글을 보고 생각해보니, 의대 합격을 두고 마냥 기뻐하시지만 않은 어머니가 이해는 간다. 어머니는 아버지가 의사시기도 하니까, 또 아버지가 제일 바빴던 의대생, 인턴, 레지던트 시절에 이미 결혼하셔서 나랑 내 동생을 낳고 키우고 계셨다. 그러니 의사가 수련을 받을 때 얼마나 힘든지, 개인 시간을 내기도 힘들어서 태어난 아이 백일잔치, 돌잔치도 못 갈 정도라는 걸 직접 경험하고 지켜봤기 때문에 아들의 힘든 미래를 걱정하셨던 것 같다.

의사가 아닌 사람들은 아무리 얘기를 해줘도 의사라는 직업의 안정성과 상대적인 고소득 때문에 의사가 될 수 있으면 무조건 되는 게 좋다고 얘기한다. 나도 비록 공대에서 의대로 진로를 바꾸긴 했지만, 그건 내 개인적인 가치관 때문이지 의사라는 직업의 특성이나 소득 수준 때문은 아니었기 때문에, 요즘 젊은 부모들이 추구하는 의대 진학과는 조금 다르다. 요즘은 아이의 성향이나 가치관에 상관없이 무조건 의대를 가야 한다고 생각하고 심지어 초등학교 의대 준비반이 생기기도 하는 상황이지 않은가.

자녀 교육에 대한 소신은 무엇이었나요?

아이들 어릴 때 구체적인 계획을 세우기보다는 나만의 믿음을 갖고 교육했다. 그 순간순간 열심히 공부하고 발전해서 다음 단계로 올라가는 것이 옳다고 믿었다. 공부도 본인이 열심히 해서 레벨이 높아지면 자연스레 그 다음 단계로 올라가고 나를 보는 주위의 시선도 더 높게 올라간다고 생각했다.

"좋은 대학을 가든지, 좋은 직업을 가지면 그에 맞는 좋은 배우자도 만날 수 있으니 학생일 때는 다른 데 신경 쓰지 말고 공부만 열심히 해라. 그러면 다른 것들은 저절로 잘 풀린다."

어린 아이들에게 그저 그렇게 얘기했을 뿐이었다.

준석이 말대로 시어머니가 아이들을 서울대 보내라 하시지는 않았다. 그냥 내가 알아서 열심히 하니까 시어머니도 지켜봐주시면서 속으로 은근히 기대를 하시지 않았나 싶다. 준석이 아빠한테도 그랬지만 시어머니한테도 내가 다른 건 다 양보해도 교육은 양보 안 했다. 시어머니의 의견보다 내 의견대로 내가 맞다고 생각하는 방향으로 준석이, 준용이를 가르치고 이끌었다. 시어머니보다 내가 더 가까이에서 계속 준석이, 준용이를 돌봐야 하기 때문에 자녀 교육만큼은 내가 생각하는 대로 해야되겠다 생각했다.

준석이 아빠가 의사라고 해서 꼭 의사를 만들어야겠다는 생각은 안 해본 것 같고, 그냥 공부 잘해서 좋은 대학 가면 좋겠다는 정도만 생각하면서, 그때그때 눈앞에 놓인 장애물을 넘듯이 한 해 한 해 열심히 교육시켰다. 그러다 보니까 서울대도 가고 의대도 가고 그런 것이지 어릴 때부터 서울대 의대를 보내겠다 이런 거창한 목표 같은 건 전혀 없었다.

동생인 준용이도 자기가 공부를 열심히 안 했고 모의고사 성적도 안 나오니까 나한테 연고대만 가면 좋겠다 그래서 나는 무슨 소리냐, 하나님도 목표는 크게 잡아보라고 성경에서 말씀하셨는데 목표는 크게 잡고 우선 열심히 해보라고만 했다. 그때도 꼭 서울대를 가야 된다, 그런 얘기는 하지 않았다. 그랬더니 동생도 머리가 좋고 준석이보다 시험운도 따라서 수능 성적이 잘 나와 결국 서울대 갔다.

준용이가 서울대 원서 넣을 때는 요즘처럼 인터넷으로 접수하고 경쟁률을 실시간으로 보던 때가 아니어서 경쟁률을 확인하려면 마지막 날 학교로 가서 시시각각 바뀌는 경쟁률을 직접 눈으로 보고 접수하는 수밖에 없었다. 다 같은 생각을 가진 사람들끼리 모여서 그런지 접수 장소인 서울대 체육관이 인산인해였다. 점수가 애매할수록 커트라인이 낮고 경쟁률이 높지 않을 것 같은 학과에 원서를 쓰고 싶은 건 누구나 마찬가지이니까 말이다. 나도 준용이랑 같이 가서 원서에 지망하는 학과 란을 비워둔 채 공대를 써야 되나 수의대를 써야 되나 고민하면서 경쟁률 추이만 지켜보고 있었다.

그때 마음속에서 하나님이 수의대 보내라고 자꾸 밀어붙이는 것 같았다. 그래서 준용이한테 "수의대 갈래?" 했더니 간다고 했다. 마지막으로 원서 접수하기 전에 아빠한테 얘기는 하자 해서 전화했더니 준석이 아빠도 수의대가 좋다고 잘 생각했다고 공대 지원하는 것보다 나을 것 같다며 아이를 격려했다. 그래서 수의대에 원서를 접수했다. 접수하고 나서 준용이 다니던 학원 선생님들한테 수의대 넣었다고 하니까 점수보다 낮춰 넣었으니 붙을 것 같지만, 그래도 서울대니까 논술도 끝까지 준비해야 된다고 조언했다. 그래서 당연히 될 줄 알았는데 앞서 말했듯이 처음에는 붙지 않았다. 물론 그 후에 추가합격으로 붙기는 했지만 말이다.

🎓 인생은 계획대로 흘러가지 않더라고요

공부를 열심히 하기는 했지만, 내 인생에 대해 거창한 계획이 있었던 것은 아니다. 어릴 때부터 의사가 되거나, 수학자가 되겠다고 정한 뒤 공부를 열심히 한 것은 아니란 말이다. 그저 막연하게 '아빠가 가지 못했던 서울대를 갈 수 있게 되면 정말 좋을 거 같다'라는 생각만 가끔 했었다.

그 당시에 나는 그냥 눈앞에 놓인 한 학기, 길게는 1년간의 성적을 최대한 좋게 받고 싶다는 생각이 있을 뿐이었다. 수학과 관련된 전공을 가지고 싶다는 생각 역시 과학고에 들어간 뒤 본격적으로 수학경시를 공부하고 대회에 출전하면서 막연하게 진로를 그려본 것이 전부였다.

사실 아직 정서적으로 미성숙하고 제대로 된 가치관이 확립되기 이전인 10대 시절에 '공부를 열심히 해서 어떤 전공이나 직업을 가지겠다!'라는 확고한 미래 계획을 세우는 건 불가능에 가깝다. 설사 계획을 세웠다고 한들 얼마든지 20대 이후에 바뀔 수도 있다고 생각한다.

어머니 역시도 이런 사실을 알고 계셨는지 어릴 때부터 나에게 너는 어떤 직업을 가져야 한다고 말하거나 강요하신 적은 없었다. 그저 나에게 올해도 열심히 공부해서 작년처럼 좋은 성적을 받아보자 정도의 말씀만 하셨던 기억이 있다. 아무리 거창한 계획도 결국은 작은 과정들이 성공적으로 이어질 때 달성 가능하다는 사실을 어쩌면 어머니는 경험적으로 아셨던 것이 아닐까 싶다.

처음부터 어머니가 서울과학고를 가자고 했거나, 서울대를 가자고 했으면, 아마 어린 시절의 나는 그 계획의 거대함과 어려움에 쉽게 좌절했을지도 모른다. 하지만 그런 계획 대신에 눈앞의 달성 가능한 작은 계획들을 목표로 삼고, 열심히 그 계획을 달성하면서 성실하게 나아갔기에 지나고 보면 대단한 목표들을 달성할 수 있었던 것 같다.

 아이들이 훌륭한 어른으로 성장하기까지 제일 큰 영향을 준 건 무엇인가요?

아이들이 잘 커준 건 너무나 감사하고 뿌듯한 일이지만, 나이가 들수록 단지 자식만 잘 키운 것으로는 이 세상에 왔다간 의미가 없는 것 같았다. 그러다 보니 종교를 찾게 되었다. 준석이 교육시키면서 느꼈지만 이 세상 모든 일은 단순히 노력만 한다고 되는 건 아니다. 노력도 당연히 필요하지만 그 외적으로 운도 많이 좌우하는 것 같다.

일반적으로 알려졌듯이 보통 여학생들은 남학생들보다 수학에 약하다. 심지어 공부 잘하는 아이를 다 모아둔 과학고에서도 그랬다. 반면 여학생들이 언어에는 강했다. 준석이도 전형적인 남자 이과생이라 수학은 잘해도 국어를 제일 어려워했다. 그래서 수능 보기 전에 유일하게 국어 점수만 걱정이라고 몇 번을 얘기했었다.

그런데 실제 수능 때 운이 나쁘게도 국어영역이 어렵게 나오고 수학영역은 너무 쉽게 나왔다. 준석이가 시험을 보고 난 뒤 가채점하고는, 운 나쁘게도 시험 출제 방향이 너무 안 맞았다고 얘기했다. 심지어 1년 내내 모의고사에서 틀리지 않았던 수학문제조차 귀신에 홀린 듯이 계산 실수로 틀렸다. 그래서 평소 모의고사 성적에 못 미치는 낮은 점수를 받았었다. 하지만 그럼에도 불구하고 결과적으로는 원했던 서울대학교 전기공학부에 무사히 합격했다. 준석이 자신도 여러 가지로 운이 따라줬다고 얘기했던 기억이 난다.

이처럼 입시도 인생처럼 최선을 다해 공부한 다음에는 운이 따라줘야 한다. 준석이는 입시를 치르면 같이 공부했던 친구들보다 상대적으로 입시 결과가 늘 좋았던 쪽이었다. 중간중간 힘든 시기는 있을지 몰라도 결국에는 늘 원하던 합격이라는 결과가 따라오고는 했다.

준석이와 초등학교, 중학교, 고등학교 때 같이 공부하고 학원도 다니고 과외도 하면서 준석이만큼 열심히 공부하고 실력도 좋았던 여러 아이들이, 이런저런 이유로 운이 따라주지 않아서 과학고 입시에서도 실패하고, 대학교 입시에서도 실패하는 모습을 많이 봤다. 심지어 학생은 문제가 없는데, 어머니가 갑자기 큰일을 겪고 우울증이 생겨서 잘 하던 한국 생활을 접고 미국으로 이민간 아이도 있었다.

이렇듯이 준석이를 공부시키면서 세상 일이라는 건, 노력만으로 되지는 않는다는 걸 느꼈다. 그래서 종교에 더 의지하게 되었던 것 같다. 조금이라도 운이 따라줬으면 하는 마음에, 아니 운이 따라주지 않더라도 절망하지 않았으면 하는 마음에 말이다.

🎓 노력을 하니 운도 따랐어요

나 역시 마흔이 넘은 지금까지 살아오면서 인생에 있어서는 당연히 노력도 중요하지만 그 외적으로 소위 말하는 운의 중요성을 많이 느꼈다. 유튜브에서도 극한에 이르기까지 노력하면 그 후에 결과를 결정하는 건 말 그대로의 운인 것 같다는 말을 한 적도 있다.

삶의 고비마다 운이 따라주면 좋지만, 세상 일은 그렇게 쉽게 돌아가지 않는 법이다. 혹여나 운이 따라주지 않아 좋은 결과가 나오지 않았다고 하더라도 바로 좌절해버리거나 포기하지는 말아야 한다. 대신 어느 정도 내려놓을 건 내려놓고 삶을 관조적으로 바라보면서 그냥 흘러가는 대로 살아가는 삶의 자세가 필요하다.

나는 어머니에게 또 다른 자아 같은 손재로 서로가 서로에게 너무나 소중하고 좋은 어머니이자 좋은 아들이 되었다고 생각한다. 하지만 그렇다고 해서 어머니와 내가 완벽하게 동일한 사람은 아니다. 그러니 내 꿈이 어머니 꿈일 수 없고 내 일이 어머니 일일 수도 없을 것이다.

어머니도 종교 활동으로 남은 인생의 의미와 보람을 찾아가셨듯이, 나도 스무 살 이후의 인생은 공부 잘하는 어머니의 아들에서 벗어나 나만의 삶의 의미와 보람을 찾으려고 노력했다. 그리고 그 결과물이 지금의 나인 것 같다. 물론 이렇게 되는 데는 어머니가 내게 해주신 오랜 교육과 가르침이 큰 자산이 된 것은 사실이다. 하지만 그것만으로는 나 스스로 충분히 만족할 만한 삶의 의미나 모습을 찾아 완성시킬 수는 없었고, 스무 살 이후의 23년간은 내 나름대로 최선을 다해 어머니의 그늘에서 벗어나 스스로 열심히 고군분투하고 살아온 시절이라고 생각한다.

젊은 엄마들에게 당부하고 싶은 것이 있으세요?

젊었을 때는 애 잘 키우고 살림 야무지게 하며 잘 사는 것이 제일 큰 일이라 생각하고 살았다. 힘들다는 생각도 안 했다. 준석이가 동아학원 이후에는 줄곧 대치동 학원으로 갔기 때문에 매일 30분~1시간 걸리는 거리를 차로 운전해서 아이를 데려다주고 데려와야 해서 그런 생각을 할 겨를도, 내 시간도 없었다.

주말에는 더했다. 집에 오면 남편 밥을 해줘야 했는데, 남편이 퇴근하고 혼자 문 열고 들어가는 걸 싫어해서 어떻게든 빨리 가려 했다. 배재중학교에서는 육성회를 맡으면서 더 정신이 없었다. 체육대회나 스승의 날 등 챙길 게 많았다. 준석이가 과하고 가서 학원 같은 데를 거의 안 가고 혼자서 공부할 수 있게 되면서 조금 시간이 생겼다.

요즘 젊은 엄마들이 예전의 나처럼 모든 시간을 자녀 교육에 들일 필요는 없다. 하지만 어느 정도는 부모의 지원과 희생이 필요하다고 생각한다. 아무래도 좋은 학원과 선생님들은 교육 특구라 불리는 대치동 쪽에 많으니 아이가 공부를 잘하고 공부에 뜻이 있다면, 그런 학원에 가서 좋은 선생님과 좋은 친구들과 같이 수업을 듣게 하기 위해 엄마가 신경 써야 할 것이다.

요즘은 준석이 때와 달리 온라인 강의가 워낙 활발해져서 대치동까지 무조건 라이드를 해야 될 필요는 없어졌다고 들었다. 준석이가 공부하던 때도 집에서 편하게 컴퓨터나 핸드폰 등으로 강의를 들을 수 있었다면 훨씬 더 교육시키기 편했을 것 같다. 하지만 그렇다고 해서 학원 외적인 부모님의 수고가 없어지는 것은 아니라서, 이 글을 읽는 많은 부모님들에게 도움이 되고자 과거 나의 노력과 서포트 활동을 가감 없이 주저리주저리 써 보았다.

우리 때는 요즘과 달리 시댁의 눈치도 이래저래 봐야 했다. 아이 교육은 최대한 내 마음대로 했지만, 준석이가 장손이다 보니 지금은 돌아가신 시아버님의 각별한 애정으로 내 마음대로 안 된 부분이 있었다. 유치원 끝나는 금요일만 되면 운전기사를 보내서 준석이만 데리고 가셨다가 월요일 아침에 데려다주신 적도 있다.

한 번은 이런 일도 있었다. 내 친정이 통영이라 자주 못 가서 1년에 한 번 남편의 여름휴가 때나 갈 수 있었다. 그때 당연히 준석이를 데리고 가야 되는데도 시아버님이 차로 통영까지 가는 건 교통사고가 날 수 있고 실제로 누구 집은 사고도 났다고 하시면서 준석이를 놓고 너희 셋만 가라고 하셨다. 당연히 우리는 애들 외할머니, 외할아버지에게 준석이 큰 것도 보여드리고 싶고 또 데리고 가는 게 맞으니까 안 된다고 했더니, 시아버님이 준석이를 붙잡고 안 보내주셨다. 우여곡절 끝에 시아버님이 결국 포기하셨지만, 괜히 애를 태우며 비행기를 놓칠 뻔한 적도 있었다.

지금 생각해보면 그런 시간들도 다 추억이지만 그때는 그런 시아버님이 밉고 부담스럽기도 했다. 그래도 준석이가 어려서 할머니, 할아버지에게 무조건적인 사랑을 많이 받고 커서 그건 좋았다. 너무 오냐오냐해서 버릇이 좀 없어지기는 했지만, 그런 건 나랑 남편이 엄하게 가르치기도 했고, 초등학교 들어가서 많이 고쳐지기도 해서 괜찮다. 지나고 보면 다 추억이다.

요즘에도 아이 키우는 일에 시댁의 눈치나 간섭 때문에 힘들어 하는 엄마들이 있을 것이다. 너무 스트레스 받지 말고 적절히 타협하고 지내기를 바랄 뿐이다. 내 아이인데 내 마음대로 못하는 부분도 있어 속도 상하고 시부모님이 이해가 가지 않겠지만, 지나고 보면 그분들도 다 내 자식을 사랑해서 그렇게 하신 거라는 생각이 들어 이해하는 날이 올 것이기 때문이다. 물론 나도 다 이해하고 그러지는 못했지만 지금 생각해보면, 시부모님도 준석이가 바르게 잘 크는 데 좋은 영향을 많이 주셨던 것 같다.

나는 어쩔 수 없이 옛날 사람이다. 요즘 젊은 엄마들 때랑은 다른 가치관을 가지고 있을 수밖에 없다. 하지만 세월이 흐르고 소위 말하는 스마트한 시대가 되었다고 하더라도 자녀 교육에 있어서 엄마의 중요성은 항상 똑같다고 생각한다. 이러니저러니 해도 아이에 대해 제일 잘 아는 사람은 오랫동안 가까이서 항상 지켜본 엄마일 것이니 말이다.

그래서 나는 아이가 적어도 초등학교 저학년인 열 살 전후까지는 엄마가 옆에서 아이를 직접 살펴보고 공부든 교우관계든 그 외 다른 부분이든 케어해주는 게 맞다고 생각한다. 그리고 사춘기가 오는 초등학교 고학년 또는 중학교 무렵부터는 저학년 때와 달리 아이에게서 손을 과감히 떼는 결정 역시 단호하게 내려야 된다.

자녀 교육에 있어서 가장 어려운 건 아이에게 언제까지 옆에 있어주고, 언제부터 묵묵히 뒤에서 지켜보면서 응원만 해줘야 하는지를 선택하는 지점이라고 생각한다. 그 지점을 제대로 찾지 않으면, 오히려 아이에게 필요 이상으로 간섭을 하게 되어서 역효과를 일으킬 수 있다. 아무리 늘 어리게만 보이는 내 아이라 할지라도 주체성이 강해지고 자기 의지가 강해지는 사춘기를 겪으면서부터는 아이를 너무 내 뜻대로만 움직이려 하지 않는 것이 좋다. 아이에게 독립적인 가치관이 생기고 무엇이든 스스로 하려는 의지가 강해지는 지점에서는, 이끌어주는 엄마의 역할에서 지켜봐주는 엄마의 역할로 위치를 바꾸고 아이가 존중받고 싶어 하는 사생활에서는 과감히 손을 떼는 결정 역시 필요하다. 나 역시 그러했었고 말이다.

요즘에는 우리 때와 달리 부모가 서른 살 이후의 상대적으로 늦은 나이에 자녀 한 명만 낳아서 애지중지하면서 키우는 집이 대다수라고 들었다. 자녀 수가 적고 부모의 여력이 있다 보니 자녀가 이미 중학교에 진학하고 독립된 자아를 가진 준성인이 되었는데도 불구하고, 자녀의 인생에 필요 이상으로 개입하고 간섭하는 부모들이 많아진 것 같다.

하지만 이런 애정으로 포장된 간섭은 어떤 순간에도 자녀의 공부와 성장에 좋은 효과를 낼 수 없다. 장기적으로 보아도 험한 세상에서 스스로의 힘으로 살아가야 하는 자녀의 인생에도 결코 도움이 되지 않는다. 힘을 줘야 할 때 힘을 주고, 힘을 빼야 할 때 힘을 빼야 한다는 인생의 진리는 자녀 교육에 있어서도 그대로 적용되는 것 같다.

물론 애들에게 필요할 때는 언제든 엄마가 옆에 있어주어야 한다. 하지만 자녀가 부담을 느낄 정도로 바로 옆에서 일일이 챙기는 것은 오히려 자녀 교육에 역효과가 난다. 엄마 생각 좀 해달라고 자녀에게 매달리는 거는 사실 부모의 자기만족이지, 결국은 부모 곁을 떠나 혼자서 독립적으로 이 세상을 헤쳐 나갈 자녀에게는 오히려 방해만 될 거라고 생각하는 쪽이다.

🎓 부모님은 언제나 저를 믿어주셨어요

요즘 젊은 어머니들은 자식을 한 명밖에 두지 않아서 그런지, 자식을 제2의 자신으로 생각하고 자녀 교육에 열과 성을 다해서 노력하는 것 같다. 그러다 보니 정작 어머니 본인은 자신의 삶을 살지 못하고 마음대로 되지 않는 자녀 교육에 스트레스를 받으며 건강까지 안 좋아진다는 얘기들을 직간접적으로 많이 전해 들었다.

이 책을 보는 수많은 어머니들에게 자녀 교육을 먼저 한 입장에서 우리 어머니가 해주신 말씀이 분명 도움이 되었을 것 같다. 어머니는 그 대상을 종교에서 찾았지만, 내 생각에는 굳이 종교에서 다른 삶의 의미를 찾지 않더라도 취미생활 같은 다양한 것들에서 자녀 교육 외에 다른 삶의 의미나 보람을 찾을 수도 있을 것이다.

아무리 자녀가 소중한 존재여도 결국 자녀는 엄마의 소유물이 아니다. 너무 자녀에게 인생의 큰 포커스를 맞추면 자녀가 성인이 되고 난 이후의 삶에 대해 제대로 준비가 되어 있지 못해

정작 엄마 스스로 큰 허무함을 느낄 수도 있다.

우리 어머니는 내가 서울과학고를 들어간 이후에 나에게서 손을 확실히 떼셨다고 생각한다. 중학교 때까지는 어머니가 내 공부에 대해 어느 정도 간섭을 하시기도 했고, 학원을 가거나 진로를 정할 때도 어머니가 나에게 의견을 제시하고 앞에서 이끌어주는 경우가 많았다. 하지만 서울과학고에 입학하고 나서는 내가 기숙사 생활을 하기도 했지만, 이제는 어느 정도 공부 면에서는 적어도 어머니 입장에서 굳이 나를 이끌어주지 않아도 내가 알아서 잘해서 학교도 다니고 그 후에 서울대도 문제없이 가겠구나, 라고 생각하신 것 같다. 그래서 그때부터는 학교성적이나 시험결과에 대해 물어보시지 않고, 나 역시 어머니에게 내 시험 결과나 성적을 자세하게 얘기하지도 않았다. 등수가 그렇게 중요하지 않은 학교이기도 했지만, 나도 그때 뒤늦은 사춘기가 와서 어머니에게 시시콜콜 내 학교생활이나 성적을 얘기하는 게 부끄럽거나 싫어지기도 했다.

개인적으로는 고등학교 이후부터 어머니가 한 발자국 뒤에서 아무런 간섭 없이 지켜보고만 계셨기 때문에 내가 독립심을 가지고 스스로 선택한 결과에 책임을 지며 최선을 다해 살아온 것 같다. 만약 어머니가 초등학교, 중학교 때처럼 내 공부나 등수에 계속해서 관여하고 간섭을 하셨다면 오히려 어느 순간 동기 부여나 원동력을 잃고 방황하지 않았을까 하는 생각도 들고 말이다. 적어도 나에게는 어머니의 그런 선택이 매우 긍정적으로 작용했다고 생각한다.

자녀 교육에 있어서 손을 떼야 되는 순간이 오면, 과감히 손을 떼고 자식을 먼발치에서 지켜보고 응원하는 게 어떻게 보면 적어도 아들들에게는 최고의 교육법이 아닐까 싶다.

아들의 이야기

어머니와 나는 이 책을 쓰면서 다른 교육 관련 서적이나 교육 전문가들처럼 여러분의 아이를 반드시 이렇게 교육시켜야 한다고 명령조로 말하거나 훈련소 교관처럼 특정 방향으로 여러분을 이끌지 않으려고 최대한 노력했다. 대신 극사실주의 다큐멘터리처럼 어머니와 내가 각자의 입장에서 경험한 것을 최대한 객관적이고 사실적으로 서술하려고 했다. 초등학교 입학 전부터 대학교 입학 이후 내가 20대 중후반, 그리고 성인이 되어 평생 직업을 선택하는 순간까지 어머니는 나를 어떤 생각과 의도로 교육하고 키우셨는지를 가감 없이 최대한 있는 그대로 쓰려고 노력했다. 나 또한 그런 어머니의 가르침과 지도에 대해 어떻게 생각하고 어떻게 따라갔는지 최대한 솔직하고 가감 없이 기억해내려고 부단히도 애를 썼다.

어머니가 나를 어떻게 교육하고 길렀는지에 대해 얘기하고 글로 풀어내는 작업은 나에게도 새로움의 연속이었다. 자식으로서 어머니의 교육을 평생 동안 받아왔지만, 나도 어머니가 어떤 생각과 계기로 나를 이렇게까지 열심히 교육시키고 뒷바라지하셨는지에 대해서는 전혀 아는 바가 없었기 때문이다. 심지어 성인이 되고 더 이상 공부를 10대 시절처럼 미친듯이 안 해도 되는 상황이 되고 나서도, 서울대를 14년간 다니고 또 의사와 치과의사로 열심히 일을 하고 개업까지 하느라 자의 반 타의 반으로 어머니와 이런 주제로 대화를 해본 적이 한 번도 없었다. 사실 내가 바쁘기도 했지만 대부분의 아들과 엄마 사이가 그렇듯, 아니 그 이상으로 나는 집에서는 무뚝뚝하고 말을 거의 안 하는 아들이기도 했다.

그래서 이번 책 집필 작업은 나에게도 큰 의미가 있는 작업이었다. 단순히 책을 쓰는 것이 아니라, 내가 궁금했지만 여러 상황상 물어보지 못했던 어머니의 교육 방식을 글로 자세하게 알 수 있었기 때문이다. 어쩌면 이번 어머니가 쓰신 책의 가장 큰 수혜자는 이 책을 보고 자녀 교육에 대해 도움을 받을 독자들이 아니라 아들인 나일지도 모른다. 이 책이 아니었다면 나는 평생 어머니가 나를 어떤 생각으로 키웠고 교육시키셨는지를 죽을 때까지 몰랐을 것이기 때문이다.

본의 아니게 유튜브를 통해 내가 어떻게 공부를 했고 자라왔는지를 얘기하면서 내 성장에 빠질 수 없는 어머니의 얘기를 여기저기에서 많이 했다. 하지만 그런 영상들에 달리는 댓글들을 보면서 가끔 아쉬움을 느끼곤 했다. '너무 공부에만 전념하고 성적에만 몰두한 나머지 아이를 가혹하고 냉정하게 기르며 교육시킨 게 아닌가?', '서준석 원장님의 어린 시절이 너무 불쌍하다'라는 류의 댓글들이 바로 그것이었다.

물론 내가 유튜브나 첫 번째 책에서 얘기했던 것처럼, 우리 어머니가 나를 어린 시절부터 공부에 몰두하게 하고 1등이나 만점이라는 유형의 성과를 내도록 하기 위해 나를 채찍질한 것은 사실이다. 하지만 그렇디고 해서 내가 어머니의 교육 과정에서 오로지 상처만 받았다고 생각하면 곤란하다. 만약 어머니의 교육 방식이 드라마 〈스카이 캐슬〉에 나오는 인물들처럼 상처투성이의 교육으로 점철됐더라면, 분명 나는 어느 순간 엇나가고 공부도 인성도 제대로 올바르게 성장하지 못한 어른으로 컸을 것이다. 하지만 어머니는 나를 채찍질하는 과정 중에서도 엄청난 사랑으로 나를 감싸주고 위로해주셨다. 유튜브의 영상들이나 다른 책들에서는 그러한 점들을 목적에 맞게 생략하거나 축소해서 얘기했을 뿐이다.

중요한 건 자식을 온실 속의 화초로만 기르는 것을 지양하고 경계해야 하는 것이다. 자식에게 오로지 채찍질만 하고 사랑을 전혀 주지 않고 키워야만 여러분이 그토록 원하는 '공부 잘하는 아이'가 되는 것은 아니라는 것을 말씀드리고 싶다. 하지만 이 세상 모든 일이 마음대로 되지 않는 것처럼 공부 잘하는 아이를 만들기 위해서 부모가 아이에게 어느 정도는 상처를 주는 말을 해야 될 일이 생길 수 있다. 또 상황에 따라서는 아이를 위해 순간적으로 나쁜 부모가 될 수도 있음을 아셨으면 좋겠다. 즉, 아이에게 공부에 대한 동기 부여와 공부 습관을 만들어주기 위해 가끔은 소위 말하는 부모로서 선의의 채찍질도 하고, 상처를 줄 수도 있는 말을 해야만, 진정한 의미의 올바른 자녀 교육이 이루어질 수 있다고 나는 진심으로 생각한다.

슬픈 사실이겠지만 공부를 잘하기까지의 과정은 어느 학생에게나 힘들다. 자식에게 듣기 좋고 다정한 말만 해서 자녀가 <u>스스로</u> 알아서 공부에 대한 동기 부여가 생기고 공부에 대한 의지를 가지고 알아서 공부를 잘하게 되는 경우는 아마 이 세상 어디에도 없을 것이다. 그리고 그건 공부뿐만 아니라 앞으로 여러분의 자녀가 어른으로 성장하면서 만나게 될 인생에서의 수많은 문제들에서도 마찬가지일 것이라고 생각한다.

부모는 단순히 아이에게 다정하고 사랑스러운 말만 해서는 안 된다. 어떠한 문제들에 직면했을 때 더 큰 상처와 역경을 겪기 이전에 예방접종처럼 가끔은 따끔하지만 결국은 아이에게 도움이 될 만한 얘기와 교육 방식을 전해야 한다. 아이가 진짜 세상의 잔인함과 힘겨움을 온 몸으로 마주하기 전에 어느 정도는 강한 정신력과 멘탈을 가진 성인으로 키워주는 게 진짜 부모의 역할인 것이다. 이 책이 아무쪼록 학부모님들과 그들의 자녀들에게 조금이나마 긍정적인 영향을 주고, 자녀들의 교육에 조금이나마 도움이 되기를 진심으로 바랄뿐이다.

마지막으로, 출판사와 아들의 성화에 생각지도 못한, 긴 글을 써주신 어머니에게 감사의 인사를 전하고자 한다. 그냥 조용히 의원을 개업해서 잘 꾸려나가고 있다고 생각한 아들이 유튜브로 주위 사람들의 입방아에 오르고, 그 과정에서 본의 아니게 어머니인 본인조차 사람들의 입에 오르내리는 상황이 무척 당황스러우셨을 것이다. 그 과정에서 혹시나 아들인 내가 상처를 받거나 불이익을 당하지 않을까 노심초사하셨을 것이 눈에 훤하다.

그런 아들이 이제는 같이 책을 쓰자고 하니, 어쩌면 내키지 않으셨을 수도 있다. 이 책으로 인해 더 큰 오해와 시기, 질투, 그리고 미움을 사게 되지는 않을지 걱정이 많으실 것 같다. 그럼에도 불구하고 내가 이 책의 출판을 이렇게 밀어붙인 건, 이 책이 사람들에게 미움을 사거나 욕을 먹게 될지언정 장기적으로는 더 많은 사람들에게 알게 모르게 도움을 줄 수 있다 믿기 때문이었다. 또 어머니가 나를 얼마나 사랑과 노력으로 기르셨는지를 많은 사람들에게 알리는 중요한 매개체 역할을 할 수 있다고 믿었기 때문이다.

부디, 이 책이 조금이나마 여러분에게 그런 매개체 역할을 할 수 있기를 바란다. 그래서 우리 어머니는 절대 일부 사람들이 생각하듯 냉혹한 채찍만 휘둘렀던 어머니가 아니라 그 누구보다도 열심히 고민하고 노력하면서 두 아들을 잘 키우기 위해 최선을 다했던 정말 훌륭한 어머니였다는 사실을 이 책을 읽는 여러분이 알게 되기를 바란다.

이쯤 되면 어느 정도 눈치챘겠지만 나는 이 책을 전적으로 내 자신을 위해서나 아니면 독자 여러분을 위해서 쓰지는 않았다. 이 책은 어쩌면 적어도 나에게는 40년 넘는 세월 동안 무뚝뚝했고, 앞으로도 아마 무뚝뚝할 아들이 처음이자 마지막으로 어머니에게 용기를 내서 건네는 '러브레터'라고 생각한다. 그리고 그 과정에서 이 책을 읽을 여러분들 또한 나와 어머니가 경험하고 느꼈던 과정들을 공유할 수 있기를 바랄뿐이다.

부모와 자식 간의 관계가 어떤 모습이건, 또 그 과정에서 자식 교육의 과정이나 결과가 어떤 모습으로 나타나건, 모든 부모자식 간의 관계에는 분명 '사랑과 존경'이라는 2개의 단어가 가장 중요하고 큰 부분으로 자리 잡고 있을 것이기 때문이다.

　마지막으로 이 모든 과정에서 늘 내 곁에서 나에게 큰 힘이 되어준 최영은 양에게도 마음 깊숙이 감사와 사랑의 마음을 전한다.

— 서준석

서울대 의대 치대
수의대 공대를 보낸
엄마의 자녀 교육법

ⓒ 서준석·정미영 2023

초판 1쇄 발행 2023년 10월 20일

지은이 서준석·정미영
펴낸이 박성인

책임편집 강하나
마케팅 김멜리따나
경영관리 김일환
디자인 데시그

펴낸곳 허들링북스
출판등록 2020년 3월 27일 제2020-000036호
주소 서울시 강서구 공항대로 219, 3층 309-1호(마곡동, 센테니아)
전화 02-2668-9692   **팩스** 02-2668-9693
이메일 contents@huddlingbooks.com

ISBN 979-11-91505-36-8(13370)